KB231629

시조 예술론

저자 신웅순

박문사

머리말

시조의 아이덴티를 찾아

정가 음악을 한지 15년이 지났다. 필자에겐 순전히 시조를 연구하기 위해서였다. 문학만으로 시조를 연구하기엔 한계가 있다고 생각했기 때문이다. 문학과 음악을 함께 연구한다는 것은 녹녹치 않은 일이다. 관심에서 멀어진 시조의 아이덴티를 찾아가는 일에 필자는 적지 않은 세월을 보냈다.

갈수록 모르는 것들이 많아 책을 낸다는 것은 대단한 용기가 필요하다. 우리가 해야할 일이라고 생각되기 때문에 학문에 대한 미련과 자책도 필자는 감수해왔다.

본『시조예술론』은 필자의 네 번째 시조 학술서이다.『현대시조시학』(2001),『문학·음악상에 있어서의 시조연구』(2006),『한국시조창작원리론』(2009)을 거쳐서 나왔다. 선행 연구가 뒷받침이 되었다.

1장에서 6장까지는 학회지에 발표된 논문들이다. 손상시키지 않는 범위에서 약간의 수정을 가했다. 시조 문학 쪽보다는 시조 음악 쪽에 나소 치우쳐져 있다. 7장에서 12장까지는 시조에 관한 담론들이다. 시조에 대한 필자의 생각들을 담았다. 담론화될 수 있었으면 좋겠다.

　선뜻 본서를 내 주신, 학문을 사랑하시는 도서출판 박문사 윤석현 사장님께 진실로 고마움을 표한다. 강호제현의 질책을 바란다.

2011. 2.
신묘 갑년에 석야 산방에서
저자 서

목차

제3장 시조 영시影詩 분석 / 49

제4장 시조 음보와 시조창·가곡의 박자 상관 考 / 77

제5장 근대 가곡의 시조·전통 가곡 수용 考 / 101
−홍난파 가곡을 중심으로−

제6장 「관산융마」 소고 / 123

제2부

제7장 통시적으로 보는 21세기의 시조 / 147

제8장 형식과 폭 넓은 사유 / 161

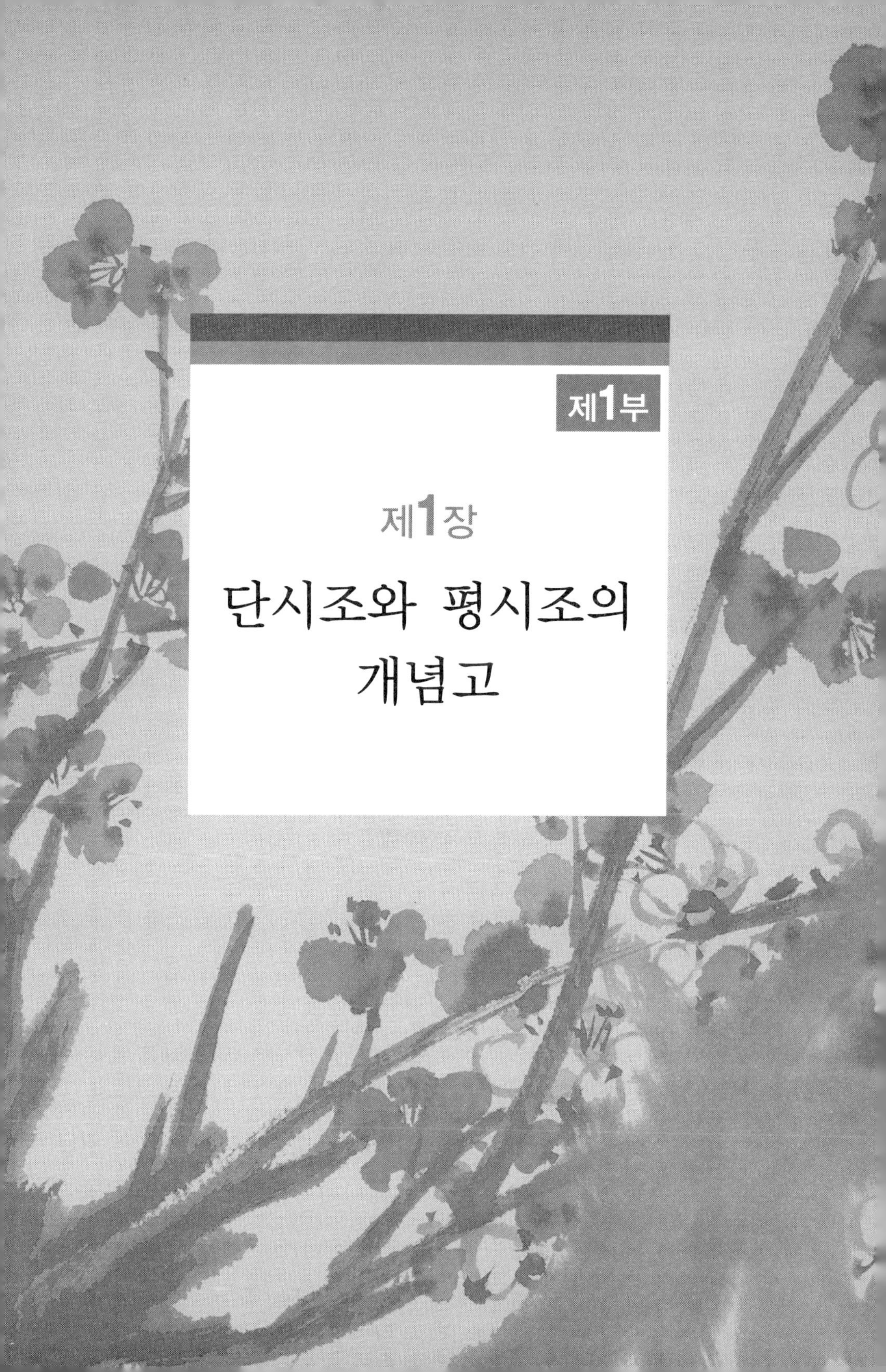
제1부
제1장
단시조와 평시조의
개념고

제**1**장
단시조와 평시조의 개념고

1. 들어가며

> 시조로 부를 수 있는 가곡의 창사들을 시조라 일컫는 것이며 평·엇·사설시조는 그 문학의 형태로서 평·중머리·지름·사설인 그 창과는 다르다.[1]

위 언급은 평시조, 엇시조, 사설시조는 문학상의 갈래 형태이고 평시조, 중머리시조, 지름시조, 사설시조 등은 창법상의 갈래리는 것을 보여주고 있다. 평시조, 엇시조, 사설시조, 중머리시조, 지름시조 등은 전부 창법상의 갈래들이다. 평시조는 평평하게 부르고, 엇시조는 엇나가게 부르고, 사설시조는 촘촘하게 부르고, 중머리시조는 중장을 높여 부르고, 지름시조는 초장을 높여 부르는 창법상의 갈래들이다. 창법상의 갈래 형태를 문학상의 갈래 형태로 개념을 대체하고 있어 용어 자체에 일관성이 없음을 보여주고 있다.

작금에 와서는 문학상으로서 시조의 갈래 형태를 단·중·장시조

---

[1] 이병기, 『시조의 개설과 창작』(현대출판사, 1957), 17 – 18쪽.

로 분류하고 창법상의 갈래 형태로는 평·지름·사설 시조 계열로 분류하는 것이 일반적이다.2)

시조가 문학과 음악이 하나였을 당시에는 문학상과 음악상의 갈래는 그 논의의 대상이 되지 못했을 것이다. 그러나 시조가 문학과 음악이 일탈된 작금에 와서 문학과 음악이 다른 만큼 그 갈래 형태가 다르기 때문에 논의된 용어들이다.

본고는 문학상의 개념인 단시조와 창법상의 개념인 평시조에 대한 논의이다.

이를 위해서는 단시조와 평시조가 같은 개념의 차원이 아니라는 것이 구체적으로 설명되어져야한다. 선학들의 입증은 있으나 이러한 개념들은 실제 시조창과의 관련 속에서 구체적으로 설명되어지지는 않았다. 또한 단시조가 평시조와의 관련에서만 일부가 설명되어졌을 뿐 지름시조, 중허리시조, 우조 시조 등 타 시조창들과의 관련 속에서는 설명되어지지 않아 구체적인 증명이 되지 못했다. 단시조가 평시조만이 아닌 타 시조와도 관련되어 있는 만큼 이에 대한 구체적인 입증이 필요하다.

---

2) 필자는 문학상의 분류로는 시조 자체에 이미 정형의 뜻이 있으므로 단형·중형·장형 시조로 명칭하는 것보다는 단시조·중시조·장시조로 명칭하는 것이 타당하다고 생각한다.
신웅순, 『현대시조시학』(문경출판사, 2001), 101쪽.
창법상의 분류로 16가지 시조창의 종류를 평시조계열·지름시조계열·사설시조 계열로 분류했다. 평시조 계열로는 평시조, 중허리 시조, 우조시조, 파연곡, 지름시조계열로는 지름시조, 남창지름시조, 여창지름시조, 반지름시조, 온지름시조, 우조지름시조, 사설지름시조, 휘몰이 시조, 사설시조 계열로는 사설시조, 반사설시조, 각시조, 좀는 평시조 등으로 잠정 확정했다.
신웅순, "시조창분류", 『시조학논총 24집』(한국시조학회, 2006), 254쪽.

　　단시조가 평시조의 노랫말인 것은 사실이지만 그렇다고 단시조가 평시조라고 말할 수는 없다. 이는 두 가지 측면에서 오해의 소지를 남겨두고 있다. 하나는 단시조와 같은 문학상의 개념 차원과 평시조와 같은 음악상의 개념 차원이 같은 개념의 차원이라는 오해를 불러일으킬 수 있고 또 하나는 문학상의 개념 차원인 단시조가 음악상의 개념의 차원인 평시조의 노랫말로만 사용되고 있다는 오해를 불러일으킬 수 있다는 점이다.

　　단시조가 평시조 외 지름시조, 중허리시조, 우조 시조 등의 타 시조창들의 노랫말로도 사용되고 있다는 것을 안다면 단시조와 평시조와의 관계는 작사와 작곡과, 즉 문학과 음악과의 관계이지 외의 어떤 관계도 아니다. 이러한 것들이 설명되어진다면 단시조는 문학적 개념이요 평시조는 음악적 개념이라는 것이 저절로 증명이 될 것이다.

　　사진 자료는 석암의 『증보 주해 선율선 시조보』이다.

2. 시조와 평시조와의 관계

　　평시조는 원래 '평'이 붙지 않고 그냥 '시조'라 하였다. 『유예지』나 『구라철사금보』의 악보를 풀어보면 현행 평시조와 같은 곡임에도 불구하고 '평'자가 붙지 않고 그냥 '시조'라 하였다.

　　이러한 점으로 보면 '평'이니 '중허리' 이니 '지름'이니 하는 이름은 석어노 『유예시』나 『구라철사금보』가 성립된 이후에 속한디고 하겠다.[3]

문학에 있어서의 단형시조를 평시조라고 하고 있는데 평시조는 원래 시조라 하던 것이 가곡의 영향을 받아 중허리시조·지름시조 등의 시조가 파생한 뒤에 생긴 이름이며 가곡의 평거의 예에 따라 평시조라 한 것이다.[4]

전자는 원래의 시조는 '평'이 붙지 않고 그냥 '시조'라고 하였으며 이는 현행 평시조와 같은 곡이라는 것이다. 가장 오래된 시조 악보는 정조 때 서유거의 임원경제지 중『유예지』의 시조 양금보이다. 장사훈은 이 악보를 해독한 결과 현재의 평시조의 원형임을 밝혀냈다.[5]

당시 시조는 시조 하나뿐이었는데『삼죽금보』(고종 원년, 1864)에와 시조 외 소이시조(지름시조), 무녀시조가 생겨났다.『삼죽금보』의 악보는『유예지』시조(1800년 전후)와『방산한씨금보』[6](1916년)의 평시조의 중간 가락을 지니고 있는 것[7]으로 보아 시조 파생시기는『삼죽금보』전후가 되지 않나 생각된다.

『유예지』(1800년 전후) − 삼죽금보(1864년) −『방산한씨금보』(1916년)
|
시조 파생시기

---

3) 장사훈,『국악총론』(세광음악출판사, 1985), 479쪽.
4) 장사훈,『시조음악론』(서울대 출판부, 2001), 19쪽.
5) 위의 책, 16−19쪽.
6)『유예지』에는 시조로,『삼죽금보』에도 시조로 되어 있으나『방산한씨금보』에는 시조의 명칭이 시절가 평조로 되어있다.
7) 장사훈, "금보해설",『한국음악학 자료 총서2』(은하출판사, 1989), 4쪽.

『삼죽금보』는 그 명칭이 시조, 소이시조로 되어 있다.8)『삼죽금보』에서는 지금의 지름시조인 소이시조 하나가 더 늘어났다. 또한 『유예지』(1800년 전후)의 시조보에는 장별이 없으나 이보다 후대에 속하는『삼죽금보』(1864년)에는 시조가 가곡과 같이 5장으로 표기되어 있다.9) 이는 시조가 가곡에서 파생되었음을 보여주는 예이다. 19세기에는 가곡의 전성시대였음을 감안할 때 정확한 연대는 알 수 없으나 평시조, 지름시조, 중허리시조, 사설지름시조 등 많은 시조들이『삼죽금보』전후에 가곡의 영향을 받아 파생되었을 것으로 보인다.10) 또한 전자의 언급은 평시조나 중허리 시조, 지름시조의 명칭이『유예지』나『구라철사금보』이후에 생겨난 명칭임을 밝히고 있다. 이 모든 시조들은 음악·문학상의 명칭들이었다.

가장 오래된 '평'자가 붙지 않은 시조 악보가 현 평시조의 원형이다. 이는 시조창이 생겨날 당시11) 명칭은 시조였지만 시조가 여러 갈래로 파생되어 가자 현행 평시조의 원형인 원래의 시조, 즉 원형의 시조에서 약간 변화된 시조를 평시조라고 불렀을 것이다. 평시조를 비롯한 중허리 시조, 지름시조 등, 시조가 파생된 이후 그러한 명칭들은 시조의 하위 분류가 된 것이다. 물론 시조 이후에 생겨난 평시조를 비롯한 여러 시조들은 음악과 문학을 통틀어 일컫는 명칭

---

8) 장사훈,『시조음악론』(서울대학교 출판부, 1986), 72－75쪽. 무녀시조는 현재 불리워지지 않으므로 제외했음.
9) 위의 책, 14쪽.
10) 위의 책, 40쪽. 평시조는 가곡 평거, 지름시조는 가곡 두거, 중허리시조는 가곡 중거, 사설지름시조는 언롱·언락, 수잡가는 가곡 언편 등에서 파생되었다.
11) 시조창은 1800년 전후에 생겨난 것으로 보았다.
   신응순,『문학·음악상에 있어서의 시조연구』(푸른 사상, 2006), 103쪽.

들이었다.

$$시조 = 평시조 \ \rightarrow \ 평시조$$
$$\rightarrow \ 지름시조$$
$$\rightarrow \ 중허리 \ 시조$$

3. 단시조와 평시조와의 관계

그것이 평시조·엇시조·사설시조라 명명된 후 그 명칭이 오랫동안 사용되었으나 근자에 와서 이 명칭들은 음악적 분류를 위한 것이어서 문학적 변별력을 갖기에 부적합하다는 논의가 일고, 그것들을 단(형)시조·중(형)시조·장(형)시조 등으로 많이 호칭하고 있는 한편, 중(형)시조 구분의 불필요성이 논의되기도 하였다.[12]

평시조는 지름의 대칭이다. 높지도 낮지도 않은 중려로 시작되며 황종·중려·임종의 3음계로 계면조에 속한다. 창법은 시조 전체를 평평하게 부른다.…중략… 엇시조는 무거운 창법에 흥청거리는 이질적인 창법을 섞어 부르며 …중략… 사설시조는 많은 리듬을 촘촘히 엮어서 부르는 창법이다.[13]

---

12) 박규홍, 『시조문학 연구』(형설출판사, 1996), 48쪽.
13) 신웅순, 앞의 책, 25쪽.
　　엇·사설의 용어는 가곡원류 등 가집에 나오는 음악적인 형태를 뜻하는데 1926년 동아일보에 발표된 가람 이병기의 <시조란 무엇인가>라는 논문이 발표된 이래로 국문학계에서는 평과 엇과 사설을 문학적 자수로 해석하고 그것이 지금까지 정설로 되어오고 있었다.
　　장사훈, 『국악대사전』(세광 음악출판사, 1984), 505쪽. 장사훈은 "엇시

 전자의 예는 단시조의 명칭에 대해, 후자의 예는 평시조의 명칭에 대해 언급하고 있다. 평시조·엇시조·사설시조가 음악적인 분류여서 문학적으로 변별력을 갖기가 부적합하다는 것이다. 그래서 단(형)시조·중(형)시조·장(형)시조를 많이 호칭하고 있다는 것이다. 또한 평시조는 지름의 대칭으로 높지도 낮지도 않게 평평하게 부른다고 했다. 또한 엇시조는 이질적인 창법으로 사설시조는 리듬을 촘촘히 엮어서 부르는 창법이라고 했다.

 위의 언급은 단시조는 문학적인 명칭이고 평시조는 음악적인 명칭임을 구체적으로 보여준 하나의 시례이다. 작금에 와서는 시조라는 명칭은 같으나 장르 자체가 다르기 때문에 문학적인 명칭과 음악적인 명칭으로 달리 부를 수밖에 없다.

 전자는 3장 6구 12음보인 문학상의 장르 명칭이고 후자는 3장 6구 12음보인 음악상의 장르 명칭이다. 단시조는 중시조, 장시조와 함께 문학상의 한 분류이며 평시조 계열은 지름시조, 사설시조 계열 등과 함께 음악상의 한 분류이다.

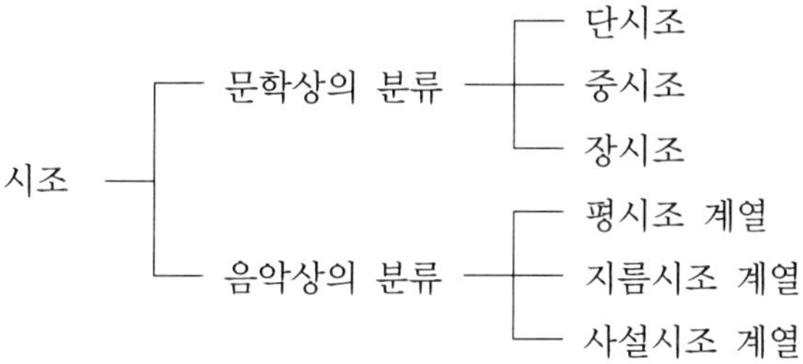

조와 사설시조의 형태론"(1959년)에서 평·엇·사설시조가 글자수의 많고 적음으로서 결정되는 것이 아니고 음악적인 형태에서 온 것이라고 몇가지 예를 들어 증명한 바 있다.

문학적인 분류의 하나인 단시조와 음악적인 분류의 하나인 평시조가 같은 장르가 아닌 다른 명칭이라면 단시조와 평시조의 관계는 밝혀져야한다. 노래는 반드시 노랫말이 있어야 부를 수 있다. 평시조의 노랫말이 바로 단시조이다. 평시조는 중시조나 장시조의 노랫말로는 불리워질 수 없는 곡이다.

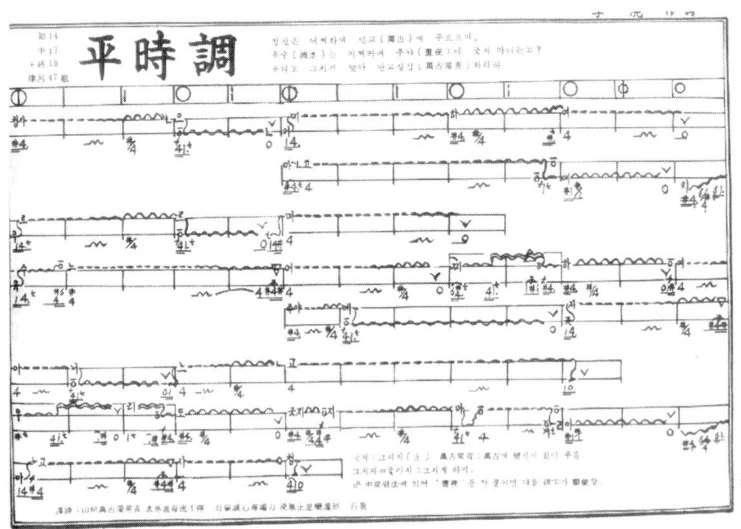

위 시조 '청산은 어찌하여……'는 단시조이다. 이 단시조를 평시조의 노랫말로 사용했다. 시조는 초장 5·8·8·5·8박, 중장 5·8·8·5·8박, 종장 5·8·5·8박으로 불리워진다. 이 박자에 맞추어 3장으로 단시조의 글자들이 알맞게 배자되어 불리워지고 있는 것이다.

단시조와 평시조는 문학상, 음악상의 서로 다른 장르의 명칭임을 알 수 있다.

4. 단시조와 타 시조들과의 관계

단시조를 노랫말로 해서 부를 수 있는 시조창에는 평시조만이 있는 것은 아니다. 평시조 외에도 지름시조, 중허리 시조, 우조시조 등 여러 시조창들이 있다.

이러한 검토는 단시조가 문학적인 장르이고 평시조가 음악적인 장르라는 것을 구체적으로 증명해줄 수 있다. 노랫말인 단시조와 곡인 평시조는 같을 수 없다. 개념 자체가 다르다.

단시조가 평시조가 아니듯이 단시조가 지름시조, 중허리시조, 우조시조도 아님은 당연하다.

다음은 단시조와 지름시조의 예이다.

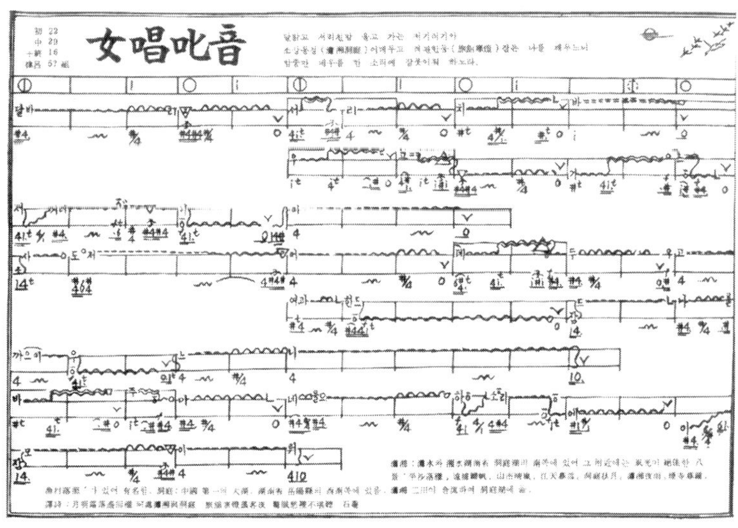

위 시조 '달 밝고 서리친 밤……'은 단시조이다. 이 단시조를 평시조와는 가락이 다른 여창 지름시조의 노랫말로 사용했다. 단시조와

평시조가 같다면 단시조와 여창 지름 시조와도 같아야한다는 말이
된다. 물론 같은 개념이 아님은 당연하다.

다음은 단시조와 중허리 시조의 예이다.

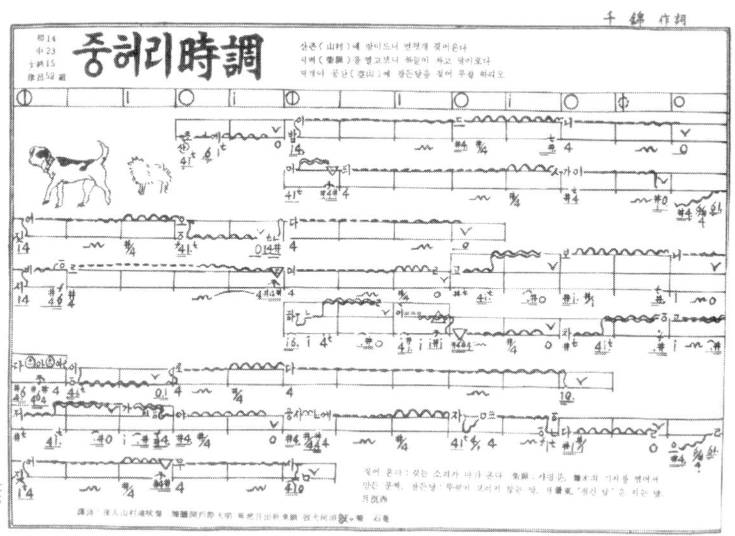

위 시조 '산촌에 밤이 드니……'도 단시조이다. 이 단시조를 중허
리 시조의 노랫말로 사용했다. 이도 당연히 단시조와 중허리 시조는
같은 개념이 아니다.

다음은 단시조와 우시조의 예이다.

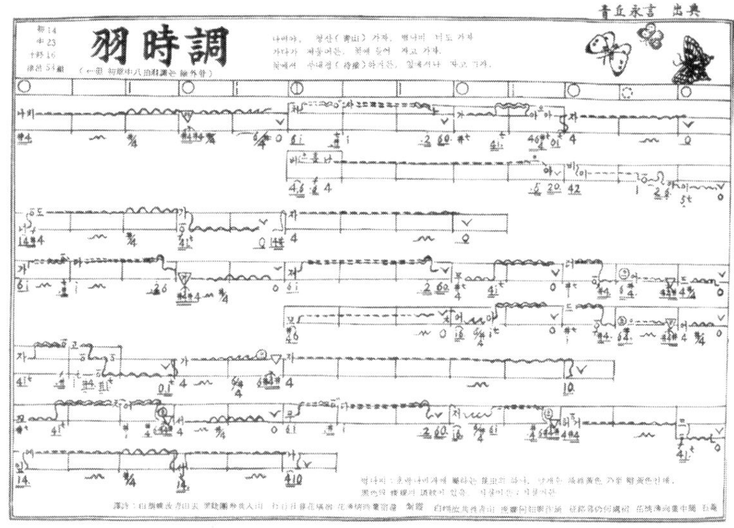

위 시조 '나비야 청산가자……'도 단시조이다. 이 단시조를 우시조의 노랫말로 사용했다. 이도 물론 언급한 바와 같다.

외에 반지름, 온지름 시조도 있다.

단시조가 평시조라면 단시조는 지름 시조이기도 하고 중허리, 우시조이기도 하다. 단시조가 평시조가 아니라면 단시조는 지름 시조도 아니고 중허리, 우시조도 아니다. 장르 자체가 다르고 명칭 자체도 다르기 때문에 단시조를 평시조, 지름 시조, 중허리 시조, 우시조 등은 같은 명칭으로 부를 수는 없다. 이러한 예는 엇시조나 사설 시조에서도 똑같이 적용될 수 있다. 하나는 문학적인 명칭이요 다른 하나는 음악적인 명칭이기 때문이다.

5. 나가며

본고의 목적은 단시조가 문학적인 개념이고 평시조가 음악적인 개념임을 몇 가지 예를 들어 증명하는 일이다.

첫째는 시조와 평시조와의 관계이다. 시조는 평시조의 원형이고 음악과 문학을 통틀어 일컫는 명칭이다.

둘째는 단시조와 평시조와의 관계이다. 원래 음악과 문학이 하나였던 시조가 음악은 음악대로 문학은 문학대로 갈라져 나오면서부터 논의가 시작된 용어들이다. 단시조는 문학상의 명칭이고 평시조는 음악적인 명칭이다.

단시조와 평시조는 시조의 하위 분류로 단시조는 중시조, 장시조와 함께 문학상의 한 분류이며 평시조는 지름시조, 사설시조와 함께 음악상의 한 분류이다. 단시조는 문학상의 명칭으로 음악상의 명칭인 평시조의 노랫말이다.

셋째는 단시조와 타시조들과의 관계이다.

단시조를 노랫말로 해서 부를 수 있는 시조창에는 평시조만이 있는 것은 아니다. 외에도 지름시조, 중허리 시조, 우시조, 반지름, 온지름 등 여러 시조들이 있다.

개념을 다음과 같이 정리할 수 있다.

시조는 원래 문학상 음악상의 명칭으로 단시조와 평시조는 시조의 하위 개념이나. 단시조는 문학석인 개념이고 평시조는 음악적인 개념이다. 단시조는 평시조의 노랫말이며 지름시조, 중허리시조, 우조시조 등의 노랫말로도 사용되고 있다.

참고문헌

박규홍, 『시조문학연구』(형설출판사, 1996)

석암 정경태, 『증보주해선율선시조보』(신우문화사, 1981)

신웅순, 『현대시조시학』(문경출판사, 2001)

______ 『문학・음악상에 있어서의 시조연구』(푸른 사상, 2006)

이병기, 『시조의 개설과 창작』(현대출판사, 1957)

장사훈, 『국악총론』(세광음악출판사, 1985)

______ 『시조음악론』(서울대 출판부, 2001)

______ "금보해설", 『한국음악학 자료 총서2』(은하출판사, 1989)

______ 『국악대사전』(세광 음악출판사, 1984)

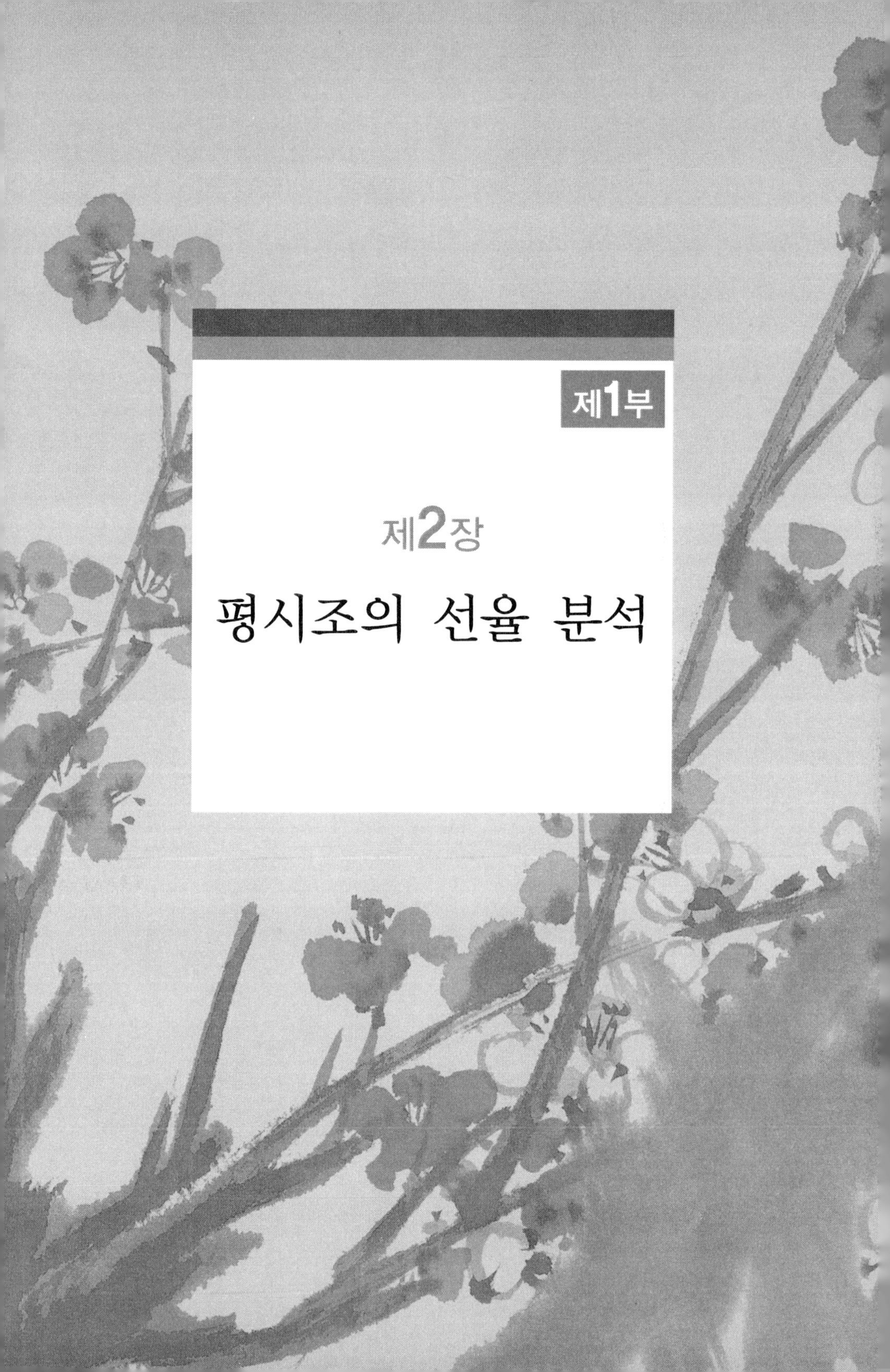
제1부
제2장
평시조의 선율 분석

제2장
평시조의 선율 분석

1. 들어가며

석암제 시조는 경제에서 영제 부분을 취해서 만든 온령판의 모체로 해서 만들어진, 완제라는 명칭으로 불리워지고 있는 시조이다. 이 석암제가 전국을 통일하다시피 했다. 본고의 연구 대상이 바로 석암제 『선율선 시조보』중 평시조 악보 22수이다.[1]

평시조는 시조의 원형이다. 물론 석암제 평시조는 원형인 경제 시조와는 조금 다르다. 시조의 원형인 평시조의 선율 분석은 필수이다. 파생된 여러 시조들이 이 평시조에 근간을 두고 있기 때문이다. 원래 평시조의 명칭은 '시조'였는데 '지름시조', '사설 시조' 등으로 파생됨에 따라 시조와 구분하기 위해 '평시조'라는 명칭으로 부르게 되었다.

시조의 음정에는 뻗는 소리, 떠는 소리, 흔드는 소리, 지수는 소리, 질떠는 소리, 속청으로 빼는 소리, 속청으로 떠는 소리, 속청으로 지수는 소리, 속청으로 질떠는 소리 등이 있다.

---

1) 석암 정경태, 『증보 주해 선율선 시조보』(신우문화사, 1970)

평시조는 중려와 황종을 중심으로 겉청과 일부 속청으로 선율을 구성하고 있다. 겉청은 뻗는 소리, 떠는 소리, 흔드는 소리가 주 선율이고 속청은 떠는 소리가 주 선율이다. 여기에 된소리, 합음, 셋잇단음표 등 장식음들로 꾸며져 평시조 선율을 구성하고 있다. 평시조는 높지도 낮지도 않은 중려로 시작하여 황종과 조화를 이루며 전체를 평평하게 부른다.

시조는 시조시를 갖고 모음을 잘 활용하여 부르지 않으면 좋은 음을 낼 수 없다. 시조의 배자가 중요한 이유가 여기에 있다. 배자는 박자와 불가분의 관계를 갖고 있다. 선율과도 유기적으로 결합되어 있어 먼저 이에 대한 일단의 검토가 필요하다. 배자에 따라 선율의 형태가 달라질 수 있기 때문이다.

평시조에의 주선율인 뻗는 소리, 떠는 소리, 흔드는 소리에 대해 자세히 논의할 것이다. 여기에 꾸며주는 장식음들도 논의해 볼 것이다. 이들 음정들의 출현 장소와 횟수를 분석함으로써 평시조의 선율이 어떻게 구성되어 있고 그 역할이 무엇인지 살펴볼 것이다. 평시조는 중려와 황종의 두 선율이 주가 되기 때문에 이런 주 음정의 분석은 평시조 선율 연구에 매우 중요하다.

본고는 석암제 전체 선율 연구의 선행 연구이다. 평시조의 선행 연구가 타 시조 연구의 기본이 될 수 있다고 생각되기 때문이다.

2. 박자, 배자, 선율과의 관계

1. 박자와 배자와의 관계

평시조는 5박과 8박의 두 가지 장단으로 구성되어 있다. 초장은 5·8·8·5·8박의 5각, 중장도 5·8·8·5·8박의 5각, 종장은 5·8·5·8박의 4각으로 되어 있다. 각은 한 장단의 단위를 말한다.

시조에는 음절이 붙는 박자가 있고 음절이 붙지 않는 박자가 있다. 평시조에 있어 말이 붙는 박자는 5박 장단이면 제 1박과 제 4박에 8박 장단이면 제 1박·제 4박·제 6박에 각각 붙이는 것이 원칙으로 되어 있다. 그러나 초장 제 3각 제 4박과 중장 제 3각 제 4박은 각각 말이 붙지 않는 것이 예외로 되어 있고 또 초장 제 2각 제 8박·중장 제 2각 제 8박·종장 제 2각 제 8각은 말에 따라 글자가 들어갈 수도 있으며 중장 제 3각 제 2박과 제 4각 제 2박은 역시 말에 따라 글자가 들어갈 수가 있으며 중장 제 1각 제 4박에는 중장 초구 자수가 2자일 때는 말에 따라 글자가 붙지 않을 수도 있고 종장 제 1각 제 3박에는 반드시 글자가 붙는 (경제에 있어서) 것 등이 또한 예외로 되어 있음을 알아야 한다.[2]

이렇게 박자와 배자와의 관계는 불가분의 관계에 놓여있다. 배자는 음절 배열을 말한다. 음절 배열에 있어서 초·중장은 제 1각에는 제 1음보가, 제 2각에는 제 2음보가, 제 3각에는 제 3음보가 배치되어 있고 제 4각에서는 제 4음보 중 3/4이, 제 5각에서는 제 4음보 중 1/4이 안배되어 있다. 종장에서는 제 1각에는 제 1음보, 제 2각에

---

2) 이주환, 『시조창의 연구』(은하출판사, 1987), 21쪽.

는 제 2음보가 배치되어있고 제 3각에는 제 3음보 중 3/4이 제 4각에는 제 3음보 중 1/4이 안배되어 있다.[3] 그리고 종장의 제 4음보는 생략되어 있다.

이렇게 볼 때 시조창도 원칙에 의해 음보를 각에 배치시키고 있음을 볼 수 있다. 다만 초·중장의 제 4, 5각에서는 초·중장의 제 4음보를 3과 1의 비율로 배분시키고 있음이 다르다. 그리고 종장은 각이 4각이기 때문에 제 4음보를 생략하고 대신 제 3음보를 제 3,4각에 3/4과 1/4의 비율로 배분시키고 있음이 또한 다르다.[4]

그렇게 보면 초·중장의 1,2,3각과 종장의 1,2각은 철저하게 음보율을 취하고 초·중장의 4,5각과 종장의 3,4각은 철저하게 음수율을 적용하고 있는 셈이다.

초·중장

각	1	2	3	4	5
음보	1	2	3	4의3/4	4의1/4

종장

각	1	2	3	4
음보	1	2	3의3/4	3의1/4

---

3) 초·중장의 4음보나 종장의 3음보가 4음절일 경우이다. 3음절이나 5음절일 경우에는 초·중장의 제 5각에 1음절을 배치시키고 종장에서도 제 4각에 1음절을 배치시키고 나머지 음절들은 초·중장의 제 4각, 종장의 제 3각에 배치시킨다. 장의 맨 끝각에 1음절을 배치시키고 나머지는 바로 전 각에다 배치시키면 된다.

4) 신웅순, 「평시조 '청산은 어찌하여…'배자·음보 분석」, 『한국현대문예비평학회18집』(2005.12), 168쪽.

2. 배자와 선율과의 관계

평시조의 선율은 평탄하다. 대체로 큰 틀은 고정되어 있으나 시조에 따라 부분적으로 선율이 달라지기도 한다. 시조에 따라 달라지기도 하고 배자에 따라 달라지기도 한다.

단시조는 한 음보에 보통 3,4음절, 종장 첫째 음보는 반드시 3음절, 둘째 음보는 5음절 이상이 원칙으로 되어 있다. 이러한 종장의 첫째와 둘째 음보를 제외한 다른 곳에서는 2,5,6음절이 출현하기도 한다. 이 음절을 처리할 때 다소의 선율 변화가 생긴다.

평시조의 주음은 황종(도)과 중려(파)이다. 본 텍스트 시조보에 22수의 평시조가 있다. 초장의 제 1각과 중장의 제 1각의 배자에서 2,3,4음절 배치 시 선율 자체가 달라진다. 물론 다른 곳에서도 배자에 따른 선율 변화가 보이긴 하나 창자에 따라 작위적으로 부를 수 있는 부분으로 보여져 초·중장의 제 1각을 분석 대상으로 삼았다.

초장의 첫음보가 2음절일 경우는 초장의 제 1각 중 제 1,2,3박을 제하고 제 4박을 제 1박(쌍박)으로 하고 제 5박을 제 2박(편박)으로 하여 제 4박에 2음절을 넣어서 부른다.[5]

탁중려(아래 파, 2/4 길이)에서 황종(도, 2/4 길이)으로 붙여 올려 제 4,5박, 2박을 흔들어 부른다.

초장의 첫음보가 3음절일 때 제 1각의 제 1박에 두 음절을 붙여 부르고 4박에 한 음절을 붙여 부른다.[6] 이 때 제 1박의 두 음절은 유빈(파#, 1/4 길이)과 중려(파, 3/4 길이)이다. 그리고 중려로 길게 2박을 뻗고 1박은 떤다. 제 3박에서 중려(파, 1/4 길이)의 음을 막아

---

5) 이주환, 앞의 책, 28쪽.
6) 위의 책, 28쪽.

황종(도, 3/4 길이)으로 떨어뜨린 다음 황종(도)으로 2박을 흔들어 부른다.

　초장의 첫음보가 4음절인 경우는 제 1각 제 1박에 두 음절을 붙이고 제 4박에 두 음절을 붙여 부른다. 제 1박의 두 음절은 역시 유빈(파#, 2/4 길이)와 중려(파, 2/4 길이)이고 제 4박의 두 음절은 탁중려(아래 파, 1/4 길이)에서 황종(도, 3/4 길이) 이다. 선율은 3음절일 경우의 제 1,2,3박과 2음절일 경우의 제 4,5박을 합친 것이 된다. 선율은 3음절일 경우의 제 1,2,3박과 같고, 2음절인 경우의 제 4,5박과 같다. 다만 제 1박과 제 4박에서의 초입 두 음절의, 뻗거나 흔들기 전의 박자의 길이가 조금 다를 뿐이다.

2음절인 경우

			아래파2/4,도2/4흔듦	→흔듦

3음절인 경우

파#1/4파3/4,뻗음	→ 뻗음	떨음	도3/4, 흔듦	→흔듦

4음절인 경우

파#2/4파2/4,뻗음	→ 뻗음	떨음	아래파1/4도3/4흔듦	→흔듦

　중장의 제 1각에서도 2,3,4음절 배치에 따라 선율의 변화를 가져온다.

　2음절을 배치할 경우 제 1박에 2음절을, 3음절을 배치할 경우 제 1박에 2음절 제 2박에 1음절을, 4음절을 배치할 경우 제 1박에 2음절을 제 2박에 2음절을 배치한다.

　2음절을 배치할 경우에는 제 1박 2음절은 황종(도2/4)에서 중려

(파2/4)로 붙여올려 1박을 뻗다가 제 2박에서 유빈(파#1/4)으로 반음을 올려 뻗고 제 4박 중간쯤에서 다시 중려로 제 5박까지 흔들어 마무리한다.

3음절을 배치할 경우는 제 1박에서 황종(도1/4)에서 중려(파3/4)로 올려 흔들다가 제 1박 끝에서 유빈(파#3/4길이)과 남려(라, 1/4)로 올린다. 제 2박에서 유빈(파#3/4)으로 내려 뻗고 제 4박 중간쯤에서 다시 중려로 제 5박까지 흔들어 마무리한다.

4음절을 배치할 경우는 제 1박에서 황종(도1/4)에서 중려(파3/4)로 붙여 올려 뻗다가 제 1박 끝에서 유빈(파#1/4)으로 올린다. 제 2박에서는 남려(라1/4)로 올리고 유빈(파#3/4)으로 다시 내려 뻗다가 제 4박 중간쯤에서 다시 중려로 제 5박까지 흔들어 마무리한다.

이렇게 평시조의 큰 틀은 유지되면서 배자에 따라 다소의 선율의 변화가 생긴다. 이는 음절이 제 1,2박에서 배자되기 때문이다.

2음절인 경우

도2/4파2/4,뻗음	파# → 뻗음	뻗음	뻗음,파,흔듦	→흔듦

3음절인 경우

도1/4파3/4,뻗음, 파#3/4라1/4	파# → 뻗음	뻗음	뻗음,파,흔듦	→흔듦

4음절인 경우

도1/4파3/4음, 파#1/4	라1/4,파#3/4 → 뻗음	뻗음	뻗음,파,흔듦	→흔듦

3. 음정

1. 뻗는 음

뻗는 소리는 성에 해당한다.[7] 즉 파동이 없는 소리를 말한다. 평시조에서 흔들거나 떠는 음이 주음인 것으로 생각하기 쉬우나 뻗는 음이 주 음정이다. 주음은 황종과 중려이다. 이 뻗는 음은 황종에서는 나타나지 않고 중려에서만 나타난다. 시조의 생명은 뻗는 데에 있다해도 과언이 아니다. 뻗는 음은 맑고 깨끗하게 뻗어야 제 맛이 난다. 뻗는 데에서 담백함이 묻어나기 때문이다.

초장의 처음은 뻗는 음으로 시작되고 중·종장은 뻗는 음으로 시작되지 않으나 각 장의 끝은 반드시 뻗는 음으로 마무리된다.

초장에서는 뻗는 음이 6회가 중장은 8회 종장은 4,5회가 나타난다. 초장에서 5회가 나타난 것도 있다. 이는 초장의 1음보가 2음절일 경우에 나타난다. 제 1각의 제 1,2,3박은 생략하고 제 4박에서 시작하기 때문에 제 1각에의 제 1,2박의 뻗는 음 1회가 생략된 것이다. 뻗는 음은 배자와는 무관하게 나타나고 있는 것으로 보이며 나타나는 곳은 일정하다. 초장에서는 제 1각 제 1,2박, 제 2각 제 1,2,3박, 제 6,7,8박, 제 3각 제 1,2,3,4,5박, 제 4각 제 1,2박 그리고 제 5각 제 1,2,3,4박이다. 초장의 제일 긴 것이 초장 제 3각의 제 1,2,3,4,5박의 5박 정도이고 짧은 것은 제 4가 제 1,2박의 2박을 넘지 않는다. 초장에서의 뻗는 음은 2박에서 5박 사이이다.

---

7) 석암 정경태, 앞의 책, 2쪽.
　　빼는 소리(늘어뻗음) '聲'에 해당(殸은 聲의 本字 파동이 없는 磬 쇠소리가 귀에 直接하는 뜻 글자 융희자전에 '單純無曲記文에는 聲·音·樂三者不同以聲變乃成音, 音和乃成樂故別三名'이라 했다.

초장에서의 선율은 일정한 틀이 있고 첫음보 2음절인 경우의 시조를 제외하고는 평시조의 초장의 원래의 틀을 벗어나지 않는다.

중장에서는 원래의 틀은 유지되고 있으나 제 2각에서 부분적으로 음정이 다른 유형이 나타나고 있다. 하나는 제 2각에서의 제 3.4.5박 3박의 떠는 음이 나타나고 또 다른 한 가지는 제 2각에서 3박의 떠는 음 대신 제 4,5박에 2박의 속청이 출현한다. 이 속청은 청황종으로 지름시조에 보통 나타나는 음이다. 평시조 중장 제 2각의 제 3,4,5박의 3박의 떠는 음에서 제 4,5박에 2박의 속청으로 음의 변화를 줌으로써 자칫 지루할 수도 있는 평시조의 선율을 높은 음으로 앉혀놓아 시조를 감칠맛나게 해주고 있다.

중장에서는 제 1각의 제 2,3,4박, 제 2각의 제 1,2박, 제 8박, 제 3각의 제 1박, 제 6,7박, 제 4각의 제 1박, 제 4박 그리고 제 5각의 제 1,2,3,4,5,6박에서 나타난다.

중장에서는 뻗는 음이 제일 긴 박이 제 5각의 제 1,2,3,4,5,6박의 6박이나 되고 제일 짧은 것이 제 3각 제 1박의 반박 정도이다. 뻗는 음은 반박에서 6박에 걸쳐 있이 초징보다 그 빔위가 넓어 짧세도 나타나고 길게도 나타난다.

중장에서의 약간의 선율 변화는 있어도 뻗는 음의 나타나는 횟수는 같다.

종장에서의 뻗는 음은 4회 혹은 5회가 나타난다. 5회의 경우는 제 1각의 제 4박에서, 제 2각의 제 1,2박에서, 제 5박에서 그리고 제 4각의 제 1,2박에서 제 4,5박에서 각각 나타난다. 4회의 경우는 제 1각의 제 1,2,3박에서 속청으로 변화를 줄 때 그 뒤의 제 4박에서 뻗는 음 대신 떠는 음으로 대체되기 때문에 뻗는 음 1회가 줄어든다. 그 때 제 1각에서는 뻗는 음이 나타나지 않아 4회가 출현한다.

이 종장에서의 뻗는 음의 길이는 제일 짧은 제 2각 제 2박의 1박에서 제일 긴 제 3각의 제 4,5박의 2박이다. 종장은 뻗는 음이 1박에서 2박에 걸쳐 그 폭이 초·중장에 비해 좁다.

초장에서는 뻗는 음이 4박 이상은 2곳에서 나타나고 중장에서는 1곳에서 나타난다. 장을 마무리하는 곳에서 뻗는 음이 가장 길게 나타난다. 장을 마무리하는데 반드시 필요한 음이 뻗는 음이기 때문일 것이다. 뻗는 음은 어느 박자에나 맞게 길게도 짧게도 뺄 수가 있으나 떠는 음이나 흔드는 음은 음 자체가 길게 빼기가 어렵다. 그렇기 때문에 장에서의 마무리는 반드시 빼는 음이 담당한다. 그러나 마무리는 장마다 다른 특색을 갖고 있다. 초장은 그대로 4박에서 뻗어 마무리하나 중장은 5박을 길게 뻗고 6박에 가서 끊어 마무리한다. 종장은 2박을 뻗고 나서 제 4각 제 1박에서 짧게 끊어 마무리한다. 초장은 뻗어서 마무리하고 중장과 종장은 뻗고나서 아래로 잦히는 표8)로 마무리한다.

출현 횟수는 다음과 같다.

각	1각	2각	3각	4각	5각	합
초장	1,×	2	1	1	1	5,6
중장	1	2	2	2	1	8
종장	1,×	2	2	×		4,5

---

8) 이래로 잦히는 표는 주로 시조의 마침의 의미로 사용되는 것이 일반적이다. 물론 시조 중장에도 나타나고 있어 또 다른 의미로도 사용되기도 하지만 시조의 종장 마무리는 반드시 아래로 잦히는 표로 마무리 된다. 신웅순, 『문학·음악상에 있어서의 시조연구』(푸른 사상, 2006), 204-207쪽.

2. 떠는 음

떠는 음을 전성이라고 하는데 반음 간격으로 윗소리를 세계 오르내리는 음을 말한다.9) 떠는 음은 중려에서 주로 나타나고 황종에서 일부 나타난다. 황종에서 나타난 것은 초장 제 3각의 제 6,7박과 종장의 제 2각 제 6,7박이다.

떠는 음은 초장에 4회가 출현하고 초장 첫음보가 두 음절인 시조는 3회가 출현한다. 중장은 5회, 6회가 출현하고 종장은 4,5회가 출현한다. 종장을 제외하고는 출현 횟수가 뻗는 음보다 적다. 출현 횟수가 적기는 하지만 떠는 음은 뻗는 음과 유기적으로 연결되어 있어 자칫 지루할 수도 있는 뻗는 음에 일부 변화를 주어 시조를 시조이게 하는 나름대로의 역할을 하고 있다. 명창들은 이 떠는 음을 잘하고 못 하고에 시조의 생명이 걸려있다고 말한다. 오랫동안 부른 사람들은 전성(떠는 음)을 보면 알 수 있다고 한다. 그만큼 시조에서 떠는 음의 비중이 높다는 것을 말해주고 있는 것이다.

초장에서는 제 1각의 제 3박에, 제 2각의 제 4,5박에, 제 3각의 제 6,7박에서, 제 4각에서는 제 3박에서 나타난나. 초장의 첫음보가 2음절인 경우의 시조는 제 1각의 제 1,2,3박을 생략하기 때문에 제 1각에서는 나타나지 않아 출현 횟수는 3회가 된다.

초장에서 떠는 음은 1박이거나 2박으로 뻗는 음보다 그 폭이 비교적 적은 편이다. 떠는 음은 곧게 뻗는 음보다 떨기 때문에 음정 자체가 불안하다. 그렇기 때문에 평탄하고 편안한 평시조에 있어서 그렇게 많은 길이를 필요로 하지 않는다.

중장에서는 5회 혹은 6회가 나타나는데 5회인 경우에는 중장 제

---

9) 석암 정경태, 앞의 책, 반음 간격으로 윗소리를 세게 오르내림.

2각의 제 3,4,5박에서 혹은 제 3박에서, 제 6,7박에서, 제 3각 제 1박에서, 제 8박에서, 제 4각의 제 5박에서 나타난다. 6회의 경우에는 제 2각의 제 1박에서 더 출현한다. 횟수가 달리 나타나는 것은 선율 변화 때문이다. 중장의 제 2각 제 1,2박의 2박은 뻗는 음이다. 그러나 이 뻗는 음을 제 1박의 1박을 떠는 음으로 제 2박의 1박을 뻗는 음으로 변화를 주어 1회 더 출현하도록 만들었다.

설혹 횟수가 5회로 같이 나타난다 해도 선율이 다른 곳이 한 군데가 더 있다. 중장 제 2각 제 3,4,5박 부분이다. 제 2각 제 3,4,5박이 떠는 음이다. 그런데 이 3박을 제 3박의 1박은 떠는 음을, 제 4박 일부에 흔드는 음을, 제 4박 일부와 제 5박에는 속청으로 변화를 주어 처리하고 있다.

중장에서의 떠는 음은 제 3각의 제 1박의 떠는 음 반박에서 제 3각 제 3,4,5박의 3박에 걸쳐 있다. 초장은 2박까지인데 중장에서는 3박으로 그 폭이 넓어졌다.

종장에서는 4회 혹은 5회가 출현하는데 4회 출현의 경우의 시조는 제 1각의 제 4,5박에, 제 2각의 제 3박에, 제 6,7박에, 제 4각의 제 3박에 나타난다. 이는 제 1각의 제 1박의 일부와 제 2,3박에 속청이 있는 경우의 시조에만 나타난다.

5회 출현의 경우에는 제 1각의 제 1,2,3박에, 제 5박에, 제 2각의 제 3박에, 제 6,7박에, 제 3각의 제 3박에 나타난다. 제 1각의 제 1박에 두 가지의 다른 선율이 있다. 하나는 탁중려에서 청황종으로 붙여올리는 경우, 또 하나는 중려에서 청황종으로 속청으로 흔드는 경우이다. 선율에 변화를 주어 꾸며보려는 창자의 의도로 보여진다. 5회 출현의 경우 떠는 음이 1박에서 3박에까지 걸쳐있다.

　　총체적으로 보면 떠는 음은 반박에서 3박에까지 걸쳐있다. 초장은 그 폭이 1,2박으로 비교적 적고 중장은 반박에서 3박으로, 종장에서는 1박에서 3박으로 중장과 종장에서 그 폭이 넓어졌다.

　　초장에서 떠는 음이 많은 박을 구성할 경우 초장부터 무거운 느낌을 줄 수 있다. 음자체의 불안으로 시조의 유려한 맛을 떨어뜨릴 염려가 있기 때문일 것이다. 그래서 초장의 떠는 음의 폭이 중장과 종장의 떠는 음의 폭에 비해 좁은 것이 아닌가 생각된다. 그리고 중장과 종장에서 짧은 반박과 비교적 긴 3박의 떠는 음의 배치는 초장에서의 길게 뻗는 음의 여유를 중·종장에서 다소 희석시켜 시조의 맛을 더욱 맛깔스럽게 하기 위한 것이 아닌가 생각된다.

　　떠는 음은 뻗는 음 중간에 나타나고 있고 떠는 음은 뻗는 음처럼 길게 나타나지 않는다. 떠는 음이 중간에 나타나고 있는 것은 길게 뻗는 음의 단조로움과 지루함을 보충해주고 떠는 음이 길지 못한 것은 떠는 음 차체가 뻗는 음에 비해 불안하기 때문일 것이다.

　　떠는 음의 출현은 다음과 같다.

각	1각	2각	3각	4각	5각	합
초장	1,×	1	1	1	×	3,4
중장	×	2	2	1	×	5,6
종장	2,1×	2	1	×		4,5

3. 흔드는 음

흔드는 음은 '音에 해당되며 聲의 紋이다.'[10] 한 음정을 유지하면서 흔드는 음을 말한다. 이 흔드는 음은 황종에서 주로 길게 나타나며 나머지 음에서는 장식 정도로 짧게 나타난다. 이 짧게 나타나 떨거나 흔드는 음은 본 텍스트 정경태 악보에서는 t 표시어로 수시로 출현하기 때문에 본고에서는 제외했다.

흔드는 음은 초장에서 2회 중장에서는 2회, 종장에서는 나타나지 않는다. 초장에서는 제 1각의 제 4,5박에서, 제 4각의 4,5박에서 나타나고 중장에서는 제 3각의 제 2,3,4,5박에서 나타나고 제 4각 제 2,3박에서 나타난다.

흔드는 음은 뻗는 음과 떠는 음에 비해 상대적으로 적게 나타난다. 이 음들은 주로 황종에서 나타난다. 평시조의 주음이 중려와 황종이기 때문에 중려는 반드시 황종으로 떨어지게 되어 있다. 떨어질 때는 대체로 중려에서 뻗고 떨다가 황종으로 떨어진다. 이 떨어진 황종에서 주로 흔드는 음이 출현한다. 음을 안정시키고 숨을 고르기 위해서는 흔들면서 마무리해 주어야 한다. 흔드는 음은 바로 그런 역할을 해주고 있다. 긴장을 풀어주고 안정감을 주는 음정이다. 그렇기 때문에 이 음정은 반드시 숨표를 앞두고 나타난다. 편안하게 마무리해주어야하기 때문이다.

흔드는 음이 종장에서 나타나지 않는 이유는 종장에는 황종으로 떨어지는 음이 제 2각 제 6,7박뿐이다. 이마져 떠는 음으로 되어 있

---

10) 위의 책, 2쪽.
　　詩經序에 '情發於聲聲文胃音', 禮樂記에는 '聲旣變轉和合次序就文章謂之音音則今之歌曲也'라 했다.

다. 나머지는 계단식 오름형, 골짜기형으로 되어 있고 각도 초·중
장에 비해 1각이 더 적어 흔드는 위치가 마땅치 않다. 또한 종장에는
다양한 선율들이 배치되어 있다. 이 다양한 선율들은 마지막 제 4
각 1박에서 아래로 잦히는 표로 깔끔하게 마무리되고 있다. 이 다양
한 선율의 배치는 초·중장의 많은 이야기들을 마무리해야할 필요
가 있기 때문인 것으로 보인다.

종장의 제 3, 4각은 시조 작법이 완여반석(完如磐石)으로 되어 있
다. 움직일 수 없는 반석처럼 끝을 맺어야한다는 말이다. 초장·중
장에서 숨을 충분히 골랐으니 종장에서는 숨고를 필요가 없어도 된
다는 뜻이 될 것이다. 초·중·종장의 모든 의미들은 제 4각 제 1박
에서 단호하게 끝을 맺고 있다.

각	1각	2각	3각	4각	5각	합
초장	1	×	×	1	×	2
중장	×	×	1	1	×	2
종장	×	×	×	×		×

4. 계단형, 골짜기형 음,[11] 장식음

계단형 오름선율은 탁유빈에서 탁중려로 탁남려, 탁유빈으로 질
떨고 탁남려에서 황종으로 올라가는 선율을 말한다. 이는 초장의 제
3각의 제 8박과 종장의 제 2각의 제 8박의 두 군데이다.

---

11) 이는 필자가 명명한 것임.
　　신웅순, 「청산은 어찌하여…」, 『한국문예비평연구 제 18집』(한국문예
　　비평학회, 2005), 171－173쪽 참조.

계단형 오름 선율은 초장과 종장의 두 각을 남겨놓고 나타나고 그것도 8박 끝에서만 나타나는 특징이 있다. 제 7박과 다음 각의 1째 박을 이어주는 역할을 함으로써 각과 각 사이의 연결을 부드럽게 해 주고 있다. 그리고 각이 다 끝나지도 않았는데도 바로 앞에 숨표가 있어 다음 각의 첫 박인 것 같은 착각을 일으키게 된다. 마지막 마무리를 해야할 입장에서 일부라도 매듭을 지어야할 필요성에서 생긴 선율이 아닌가 생각된다. 종장의 계단형 음은 초장의 계단형 음을 그대로 되풀이 하고 있다. 장의 맺음을 2각 남겨두고 나타나는 것을 보면 뻗고 떨기만 하는 시조의 밋밋한 선율에 다소의 변화를 주기 위한 것이 아닌가 생각된다.[12]

각	1각	2각	3각	4각	5각	합
초장	×	×	1	×	×	1
중장	×	×	×	×	×	×
종장	×	1	×	×		1

골짜기형 선율은 중려에서 황종으로 음이 내려오다 다시 중려로 올라가 황종으로 떨어지고 황종에서 다시 중려로 올라가 한 박 정도 뻗고 다시 중려에서 음을 막아 황종으로 떨어지는 선율이다. 이러한 선율은 평시조의 종장의 제 2각 제 4,5박에서 단 한 번 나타난다. 계단형 오름 선율과는 달리 종장에서의 의미 비중을 생각할 때 초·중과는 다른 어떤 특별한 선율이 종장에서 필요했던 것으로 보인다.[13] 언급한 바와 같이 종장에는 많은 이야기를 마무리해야하기 때

---

12) 위의 책, 173쪽.

문에 골자기형 같은 다양한 선율을 필요로 했을 것이다.

각	1각	2각	3각	4각	5각	합
초장	×	×	×	×	×	×
중장	×	×	×	×	×	×
종장	×	1	×	×		1

외에 후두를 막았다가 펴내는 파열음인 된소리표, 닿붙이는 합음표, 역삼각형, 삼각형으로 표시되는 세잇단음표와 같은 장식음들이 있다.

된소리표는 겉청일 경우엔 중려에서 황종으로 음이 떨어질 때, 속청일 경우엔 청황종에서 중려로 떨어질 때 수시로 나타나고 유빈에서 중려로 이어질 때도 유빈에서 된소리가 나타나기도 하며 남려에서 유빈으로 떨어질 때에도 나타난다. 높은 음의 홀소리를 막아 이를 강조하면서 음을 툭 떨어뜨린다. 일종의 시조에 있어서의 필수적이고 매력적인 기교이며 시조를 김칠맛나게 해주는 시조만이 갖는 특유한 음정이다.

닿붙임표 합음은 초장 제 3각의 제 1박에서는 유빈에서 중려를 이어줄 때, 중장의 제 2각 제 6박에서는 황종에서 중려로 이어줄 때 주로 나타난다. 그러나 반드시 한정된 위치에서만 일어나고 있는 것은 아니다. 종장에서도 수시로 나타나고 있다. 뻗거나 떨기 전에 딱딱한 음정을 부드럽게 변화해줌으로써 시조의 격조를 한층 더 높여주고 있다.

---

13) 위의 책, 173쪽.

셋잇단음표는 일정한 장소에서 일어나고 있다. 초장에서는 나타나지 않고 중장과 종장에서 나타나고 있다. 중장에서는 속청이 없는 경우의 시조에는 2회가, 있는 경우에는 3회가 출현하고 있다. 속청이 없는 경우 중장의 제 1각 제 5박 끝과 제 3각의 제 8박 끝에 나타나고 있다. 속청이 있는 경우에는 속청이 있는 제 2각 제 5박에서 한 번 더 출현한다. 종장의 경우엔 제 3각의 제 3박 끝에 나타난다. 특이한 것은 중장에서는 나타나는 장소가 다르다는 점이다. 중장에서는 각의 끝에서 나타나나 종장에서는 각의 끝에 나타나는 것이 아니라 2박을 앞두고 나타난다. 중장에서의 셋잇단음표는 각의 일단의 마무리, 종장에서의 셋잇단음표는 전체 시조 마무리를 위한 것으로 보인다. 중장에서 주로 나타나고 있는 것을 보면 초장에서의 밋밋한 선율에 충격을 주어 흥미를 고조시킬 필요가 있어 그런 것이 아닌가 생각된다.

중장의 제 2각에서 또 하나가 다른 점은 제 1각 제 5박의 맨끝에서의 장식음 셋잇단음표의 존재 여부이다. 이것이 있는 것이 있고 없는 것도 있다. 특별한 이유는 없는 것으로 보이며 창자의 의도이거나 선율의 지루함을 달래기 위해 변화가 아닌가 생각된다.

장식음의 출현 위치와 빈도는 다음과 같다.

각	1각	2각	3각	4각	5각	합
초장	×	×	×	×	×	×
중장	1	1	1	×	×	3
종장	×	×	1	×		1

4. 나가며

본고는 평시조의 선율 분석이다. 선율 분석을 위해 일단의 박자, 배자, 선율과의 관계를 살폈다. 배자는 박자와 선율과 깊은 관계가 있으며 배자에 따라 선율도 달라지기 때문이다.

다음은 음정 변화이다.

첫째는 뻗는 음이다. 초장에서는 뻗는 음이 6회가 중장은 8회 종장은 4,5회가 나타났다. 초장에서 5회가 나타난 것도 있다. 뻗는 음은 다른 음에 비해 출현 횟수가 가장 많다. 시조에서 가장 기본이 되는 음임을 알 수 있다. 마무리 할 때 길게 나타나는 것을 보면 마무리할 때 반드시 필요한 음으로 생각된다.

둘째는 떠는 음이다.

떠는 음은 초장에 4회가 출현하고 초장 첫음보가 두 음절인 시조는 3회가 출현한다. 중장은 5회, 6회가 출현하고 종장은 4,5회가 출현한다. 떠는 음은 뻗는 음보다 출현 횟수가 적고 박자의 길이도 적다. 음자체가 뻗는 음에 비해 불안하기 때문으로 보인다. 그리고 뻗는 음 중간에 나타나고 있는 것은 길게 뻗는 음의 단조로움을 희석시켜 시조다운 맛을 보충해주기 위한 것이 아닌가 생각된다.

셋째는 흔드는 음이다.

흔드는 음은 초장에서 2회 중장에서는 2회, 종장에서는 나타나지 않는다. 흔드는 음은 뻗는 음과 떠는 음에 비해 상대적으로 적게 나타난다. 주로 중려에서 나타난다. 음을 안정시키기고 숨을 고르기 위해 필요한 음정으로 생각된다.

넷째는 계단식 오름형, 골짜기형 그리고 장식음이다.

계단형 오름선율은 초장의 제 3각의 제 8박과 종장의 제 2각의 제 8박의 두 군데이다. 각과 각 사이의 연결을 부드럽게 해주는 역할을 하고 있다.

골짜기형 선율은 평시조의 종장의 제 2각 제 4,5박에서 단 한 번 나타난다. 초·중장에는 없는 다양한 선율 중의 하나로 나름대로의 변화를 추구하고 시조 마무리를 위해 필요한 특이한 선율이다.

외에 된소리표, 닿붙이는 합음표, 역삼각형, 삼각형으로 표시되는 세잇단음표와 같은 장식음들이 있다.

된소리표는 겉청일 경우엔 중려에서 황종으로 음이 떨어질 때, 속청일 경우엔 청황종에서 중려로 떨어질 때 수시로 나타난다. 필수적이고 매력적인 기교이며 시조를 감칠맛나게 해주는 시조만이 특유한 음정이다.

닿붙임표 합음은 초장 제 3각의 제 1박에서 유빈에서 중려를 이어줄 때, 중장의 제 2각 제 6박에 황종에서 중려로 이어줄 때 주로 나타나곤 한다. 딱딱한 음정을 부드럽게 변화해줌으로써 시조의 격조를 한층 더 높여주고 있는 음정이다.

셋잇단음표는 일정한 장소에서 일어나고 있다. 초장에서는 나타나지 않고 중장과 종장에서 나타나고 있다. 각의 일단의 마무리, 전체 시조의 마무리, 선율의 지루함으로 달래기 위한 변화 등으로 볼 수 있다.

참고문헌

문　현, 『음악으로 알아보는 시조』(민속원, 2004)

신웅순, 「평시조 '청산은 어찌하여…' 배자·음보 분석」, 『한국현대문예
　　　　비평학회 18집』(2005. 12)

＿＿＿, 『문학·음악상에 있어서의 시조연구』(푸른 사상, 2006)

이주환, 『시조창의 연구』(은하출판사, 1987)

장사훈, 『국악총론』(세광음악출판사, 1985)

정경태, 『선율선 시조보』(신우문화사, 1981)

제1부

제3장

시조 영시影詩 분석

제3장

시조 영시影詩 분석*

1. 들어가며

시조창에 관한 문헌은 거의 없다 해도 과언이 아니다. 항간에 유포되고 있는 시조창에 관한 글들이 있기는 하나 출처조차 불분명하다. 시조 규례이니, 시조 연의, 시조 평론, 시조 영시, 창자와 청자의 자세 같은 것들이 있다. 호사가들의 글 장난에 지나지 않을 수도 있으나 이와 같은 문헌들 중에는 주목할 만한 것들도 있어 이에 대한 검토가 필요하다.

시조 영시는 주로 향제 평시조를 표준으로 그 악상을 말한 시이다. 지은이는 미상이며 초장·중장·종장의 가락 진행법과 표현 방법을 한시로 묘사한 것이다.

시조 영시는 두 가지 점에서 문제점을 갖고 있다. 한 곡(평시조)에 일관성 없이 장단 마다 분리하여 전혀 다른 표현으로 악상을 나타냈다는 점1)과 한 곡(평시조)에 여러 다른 가사(시조시)들을 얹혀 불러야 함에도 같은 시조 영시로 나타냈다는 점이다.

---

1) 장사훈, 『국악대사전』(세광음악출판사, 1984), 452쪽.

그럼에도 필자가 시도해 보고자하는 것은 시조 영시가 널리 유포되어 있고 시조 영시가 평시조의 악상으로 표현되어 있어 이에 대한 증명2)이 필요하다고 생각되기 때문이다.

본고는 시조 영시와 시조의 초·중·종장의 가락 진행법, 표현 방법과의 연관성을 논의해볼 것이다. 문학인 시조 영시와 음악인 시조 가락을 연관지을 수 있는 척도는 마련되어 있지 않으나 사물을 공간과 시간으로 파악하면 거기에서 공통적인 이미지를 얻어낼 수가 있을 것이다. 이 이미지로 두 장르 간의 유사 정도를 검토함으로써 시조 영시와 시조창과의 관계를 밝혀보고자 한다.

사물은 어떤 공간을 형성하고 있다. 이 공간에 시간이 주어질 때 그 사물에는 행위의 변화가 일어난다. 행위의 변화가 일어남으로써 사물에는 하나의 의미가 형성된다. 이 의미를 이미지로 파악하고자 하는 것이다.

시조는 1음(황종,도)과 4음(중려,파)이 주음이다. 이러한 율려를 공간으로 파악하고 이러한 율려에 시간이 주어짐으로써 위치 변화가 일어난다. 그 변화는 뻗거나, 떨거나 흔들거나 하는 음의 형태들이다. 행위의 변화가 일어남으로써 독특한 의미들, 즉 이미지가 형성된다.

시조 영시와 가락 진행을 매치시키면 공간와 시간을 통해 이미지라는 공통 분모를 얻을 수 있다. 두 이질 장르 간의 공통 분모인 이미지 유사 정도를 파악하고자 하는 것이 본 논문의 목적이다.

---

2) 영시와 가락을 매치, 공통된 의미의 구체적 증명은 시와 가락의 추상성으로 인해 어려울 것으로 생각되나, 공통된 이미지의 유사 정도라도 파악하여 영시와 가락의 상관 관계를 알아보자하는 데에 있다.

2. 텍스트와 시조 영시

텍스트는 석암 정경태 저 '2004년 판『수정주해 선율선 시조보』이다.

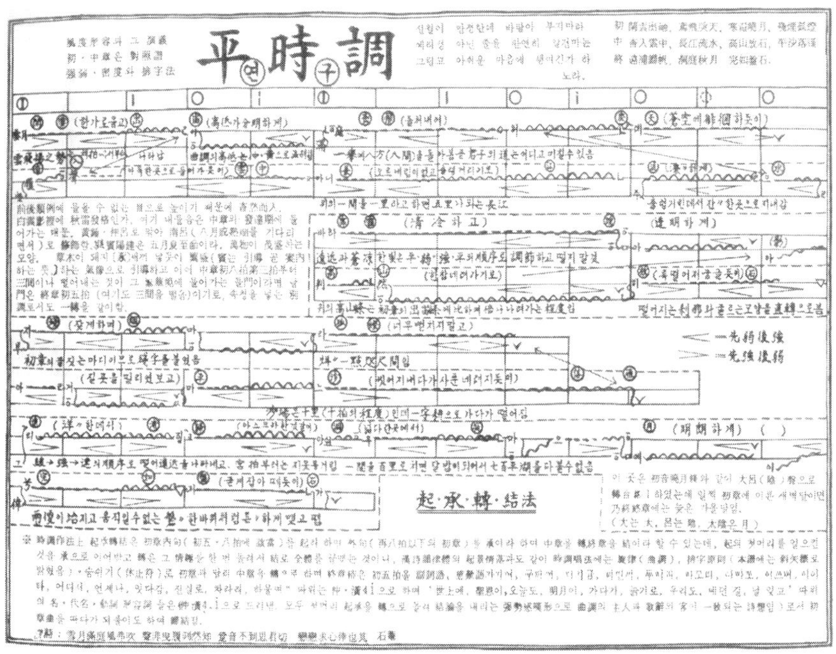

텍스트는 석암제이다. 석암제는 많은 이들에 의해 불리워지고 있고 영시의 악상이 평시조에 구체적으로 기록되어 있어 이를 텍스트로 삼았다. 석암제 시조는 초장 5·8·8·5·8박 5각, 중장 5·8·8·5·8박 5각, 종장 5·8·5·8박 4각으로 되어 있다.3)

---

3) 5박은 다음과 같다.

장과 각과 시조 영시는 다음과 같다.

초장 : 1각(5박)　　閒雲出岫 (한가한 구름 산에 떠오르는 듯)
　　　2각(8박)　　鳶飛戾天 (나르는 솔개 창공을 선회하듯)
　　　3각(8박)　　寒霜曉月 (찬서리 내린 새벽 달처럼)
　　4각(5박) 5각(8박)
　　　　　　　　　殘烟孤燈 (외로운 등불에 하늘거리는 연
　　　　　　　　　　기처럼)

중장 : 1각(5박)　　杳入雲中 (아득히 구름 속으로 들어가듯)
　　　2각(8박)　　長江流水 (길고 긴 강의 흐르는 물처럼)
　　　3각(8박)　　高山放石 (높은 산에 돌 굴러내리듯)
　　4각(5박) 5각(8박)
　　　　　　　　　平沙落雁 (모래사장에 사뿐 내리는 기러
　　　　　　　　　　기처럼)

종장 : 1각(5박)　　遠浦歸帆 (먼 포구에서 돌아오는 돛배처럼)
　　　2각(8박)　　洞庭秋月 (넓고 넓은 동정호에 뜬 달처럼)
　　　3각(5박) 4각(8박)
　　　　　　　　　完如磐石 (맺음은 움직일 수 없는 반석처럼)

　초장의 1각 한운출수(閒雲出岫) 2각 연비여천(鳶飛戾天) 3각 한
상효월(寒霜曉月) 4, 5각 잔연고등(殘烟孤燈), 중장은 1각 묘입운중
(杳入雲中) 2각 장강유수(長江流水) 3각 고산방석(高山放石) 4,5각
평사낙안(平沙落雁), 종장의 1각은 원포귀범(遠浦歸帆) 2각은 동정

8박은 다음과 같다.

추월(洞庭秋月) 3각, 4각은 완여반석(完如磐石)으로 되어있다.[4)]

각마다 영시가 다르게 되어 있으나 초·중장의 4, 5각과 종장의 3, 4각은 두 각이 합쳐 하나의 영시로 되어 있다.

이를 표로 나타내면 다음과 같다.

초장

1각　　閒雲出岫 5박	2각 鳶飛戾天　8박
	3각 寒霜曉月　8박
4,5각 殘烟孤燈 5박, 8박(4박은 여박임)	

중장

1각　　杳入雲中 5박	2각 長江流水　8박
	3각 高山放石　8박

종장

1각　　遠浦歸帆 5빅	2각 洞庭秋月　8박
3,4가 完如磐石 5박, 8박(7박은 어박)	
4,5각 平沙落雁 5박, 8박(2박은 여박)	

---

4) 김호성의 시조 작법에는 寒燈孤烟 대신 殘燈孤烟으로 되어있다.
　　김호성, 『시조창백선』(수서원, 2002), 22쪽.
　　이양교는 초장 3각이 孤燈殘烟, 초장 4각이 寒霜曉月로 뒤바뀌어져 있으며 중장 1각이 杳入雲中대신 渺入雲中으로 되어있고 중장 2각이 高山放石, 중장 3각이 長江流水로 뒤바뀌어 있고 종장 1각이 洞庭秋月 2각이 遠浦歸帆으로 뒤바뀌어져 있다.
　　이양교, 황규남, 『십이가사전』(광명당, 1998), 192 – 192쪽.
　　장사훈의 국악대사전은 초장 4,5각이 殘烟孤燈 대신 寒燈孤烟으로 되어 있다. 의미는 크게 다르지 않다고 생각되어 본고는 석암 정경태 시조 선율보를 영시 텍스트로 삼았다.

3. 영시와 가락 진행[5]

1. 초장

1) 초장 1각, 閒雲出岫

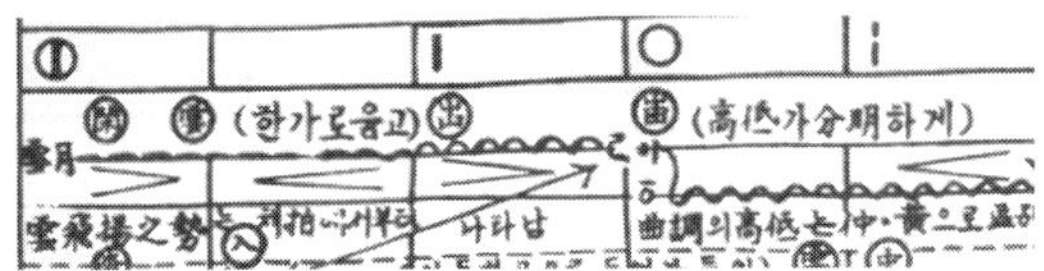

초장 1각(5박)의 영시와 음의 진행[6]은 다음과 같다.

박	1박	2박	3박	4박	5박
율려	#4,4————————————		#/4〜〜〜〜		
				1 〜〜〜→ 〜〜〜→ 〜〜〜→	
영시	한운(閒雲)		출(出)	수(岫)	

초장 1각(5박)은 '閒雲出岫', '한가한 구름 산에 떠오르는 듯'이다. 1,2째 박은 #4에서 4로 진행, 4음으로 뻗고 3째 박은 #/4로 떤다. 1,2째 박 뻗는 음은 '閒雲', '한가한 구름'으로 묘사되어 있고, 3째박의 떠는 음은 '出', '떠오르는'으로 묘사되어 있다. 4째 박에서는 1음으로 4째박과 5째박을 흔든다. 이 흔드는 음은 '岫', '산구렁'으로 표현되고 있다.

1,2째박의 #4에서 4음으로의 뻗는 음과 3째박 #/4음의 떠는 음은

---

5) 같은 평시조라도 두자 머리, 세자 머리, 네자 머리가 다르고 중·종장도 배자에 따라 조금씩 다를 수 있으나 본 가락 진행은 텍스트의 일반적인 율려를 따랐다.

6) 이후 1은 황종(도), 4는 중려(파), 4#은 유빈, 6은 남려로 표시함, ―은 뻗는 음, 〜은 떠는 음, ╍은 흔드는 음으로 표시함

뻗는 음은 한가하기 때문에, 떠는 음은 떠오르기 때문에 그렇게 표현한 것으로 보인다. 본 악상에서는 '운비양지세(雲飛揚之勢)는 채박(3째박)에서 부터 나타난다고 하였다. 1,2째박에서의 뻗는 음과 한가한 구름은 '흔들림이 없음'에서 그 이미지가 유사하고 3째박에서는 떠는 음과 떠오르는 구름은 '움직임이 있음'에서 그 이미지가 유사하다. 1음을 산 아래로 본다면 #4나 4의 음을 산의 꼭대기로 볼 수 있다. 위치의 이미지가 유사하다.

4,5째박에서는 흔드는 음과 산구렁의 이미지도 유사함을 볼 수 있다. 1음의 흔드는 음으로의 진행을 산의 완만한 모양으로 본다면 그 이미지가 어느 정도 부합된다. 산의 굴곡은 실제로 움직이지는 않지만 모양을 악상으로 표현할 때는 흔드는 음으로 표현할 수 있을 것이다.

곡과 영시가 그런대로 맞아 떨어진다. 영시가 추상적 표현이기는 하지만 율려가 바뀔 때마다 영시가 그럴 듯하게 묘사되어 있다.

이를 표7)로 나타내면 다음과 같다.

박	1	2	3	4	5
공간,시간8)	#4,4 뻗음(2)		#/4떨음(1)	1흔듬(2)	
이미지	정(흔들림 없음)		동(흔들림)	동(산의 굴곡의 모양)	
유사정도	○		○	○	

---

7) 율려에서는 편의상 음의 표시는 하지 않고 음 모양만 표시했음. ( )속은 대표적인 박을 표시함

8) 숫자는 공간을, ( ) 속의 숫자는 박(시간의 흐름)을 말한다.( )속의 박자 표시는 대략의 박자를 표시한 것이다. 시조창은 서양 음악처럼 한 곡을 부르는데 정확한 시간이 요구되는 것이 아니라 창자마다 다소의 시간 가감이 따른다.

2) 초장 2각, 鳶飛戻天

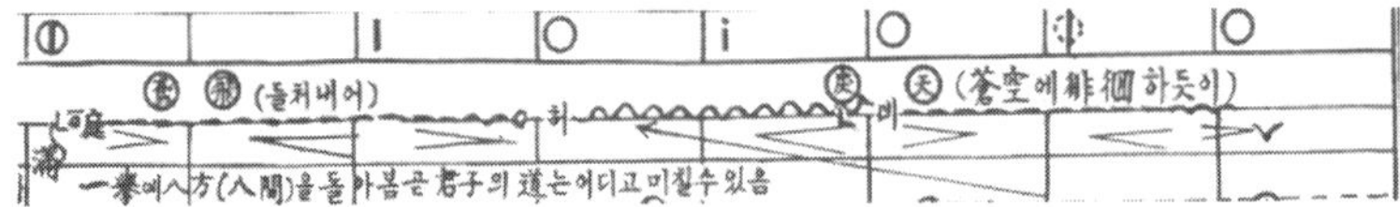

초장 2각(8박)의 영시와 음의 진행은 다음과 같다.

박	1	2	3	4	5	6	7	8
율려	1,4————————			#4#/4～～～～4#⟶		4————————		
영시	鳶飛,				戻　　　天			

초장 2각(8박)은 '鳶飛戻天', '나르는 솔개 창공을 선회하듯'이다. 1째박은 1음에서 4음으로 진행, 4음으로 3째박까지 뻗고 4째박에서 #4에서 #/4로 진행, #/4음으로 5째박 전반까지 떤다. 이 가락은 '鳶飛'인 '솔개가 날아올라'로 표현되고 있다. 그리고 5째박 끝부분에서 가서 4#음으로 처들어 잠시 흔들다가 4음으로 6째박에서부터 8째박까지 뻗는다. 이 가락은 '戻天', '창공을 선회하듯'으로 표현되고 있다.

초장 2각 1째박에서 1음이 4음으로 올라 4음으로 3박을 뻗는데 1음에서 4음으로의 오름은 솔개가 지상에서 하늘로 오름을, 4음으로의 3박을 뻗음은 솔개가 길게 선회함을 연상케 한다. 그리고 3째박까지 뻗다가 4째박에서 #4을 거쳐 #/4음으로 진행, 5째박 전반까지 떤다. 솔개가 본 악상에서는 일거(一擧)에 팔방(八方. 人間)을 돌아보며 군자의 도는 어디고 미칠수 있다고 하였다. 하늘로 날아가 지상을 쳐다보는 모습을 묘사한 것으로 보인다. 그리고 솔개가 창공을 선회하기 위해 허공에서 잠시 날개짓한다고 보면 가락과 영시는 그러듯하게 매치가 된다.

 5째박 끝에서 4#음으로 흔들고 6째박에서 8째박까지는 4음으로 계속해서 뻗는다. 선회의 준비가 끝난 솔개가 여기서부터 낮은 포물선을 그리면서 길게 창공을 선회하는 모습을 연상케 한다. 영시의 의미와 음의 진행이 어느 정도 부합된다고 볼 수 있다.

박	1	2	3	4	5	6	7	8
공간 시간	1,4뻗음(3)			#4,#/4떨고(1.5)4# 흔들고(0.5)		4뻗음(3)		
이미지	오르고 나서 길게 날음			날아가는 모습 파닥거림		낮은 포물선을 그리며 선회		
유사 정도	○			○		○		

3) 초장 3각, 寒霜曉月

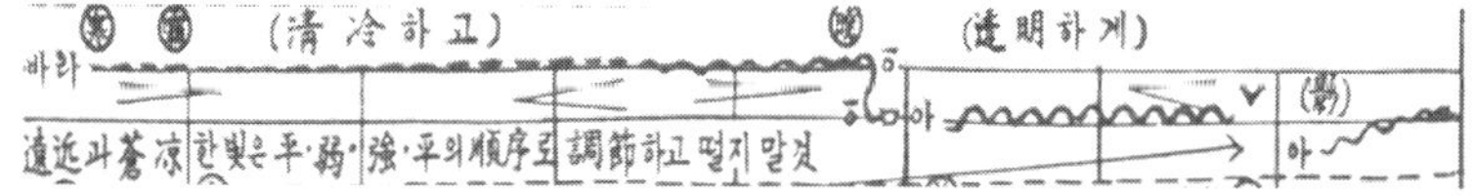

초장 3각(8박)의 영시와 음의 진행은 다음과 같다.

박	1	2	3	4	5	6	7	8
율려	#4,4—————————————————————				1⟿	#1#/1〜〜〜〜〜〜〜1		#4
영시	寒霜					曉,		月

 초장 3각(8박)은 '寒霜曉月', '찬서리 내린 새벽 달처럼'이다. 1째박은 #4음에서 4음으로 진행, 4음이 5째박 중간까지 뻗는다. 여기까

지가 '寒霜', '찬서리 내린'이다. 그러다 5째박 중간에서 1음으로 떨어져 흔든다. 이 가락이 '曉', '새벽'이며 6째박에서 #1에서 #/1음으로 진행, #/1이 7째박까지 떤다. 그리고 8째박에서 계단형 음계 탁 #4,6,#4,6,1음으로 진행된다. 이 부분이 '月', '달'이다.

1째박에서 5째박 중간까지의 뻗는 음은 찬서리 내린 것과 같이 청냉해야한다. 뻗는 소리는 맑고 깨끗해야하며 잡소리가 섞여서는 안된다. 본 악상에서는 '원근(遠近)과 창량(蒼凉)한 빛은 평·약·강·평(平·弱·强·平)의 순서로 조정하고 떨지 말 것'으로 되어 있다. 찬서리는 차고 깨끗하다. 청냉하게 뻗는 소리는 깨끗하고 이는 고결한 선비의 이미지를 연상시킨다. 5박을 길고 깨끗하게 한음으로 뻗고 있다. 길게 뻗는 소리와 찬서리의 깨끗하고 청냉함이 어느 정도 부합되고 있다.

5째박 중간에서 4음에서 1음으로의 흔들고 6째박에서는 #1음에서 #/1음으로 진행, #/1음으로 7째박까지 떤다. 그리고 8째 박은 계단형 음9)으로 마무리를 하고 있다. 이러한 음의 진행이 새벽달이다. 흔들고 떨고 하는 음으로 되어 있고 8째박에서는 계단형 음으로 되어 있다. 이를 투명한 새벽달로 표현하고 있다. 달이 밝으면 강렬한 달빛 때문에 달이 떨리는 것처럼 보일 수 있다. 5째박의 흔드는 음은 달이 떠오르는 장면을 연상해볼 수 있으며 6,7째박에서의 2박의 떠는 음은 눈부신 빛 때문에 새벽달이 떨고 있는 것으로 해석해볼 수도 있다. 계단형 음계는 하나의 파격쯤으로 이미지를 떠올리면 어떨까 생각된다.

---

9) 이 계단형 음은 필자가 명명한 것이다.
　신웅순, 『문학·음악상의 있어서의 시조연구』(푸른 사상, 2006), 197쪽.

박	1	2	3	4	5	6	7	8
공간 시간	#4,4뻗음(4.5), 1흔듦(0.5)					#1,#/1(2), 계단형음(1)		
이미지	청냉하고 깨끗함					밝음		
유사 정도	○					△		

4) 초장 4·5각, 殘烟孤燈

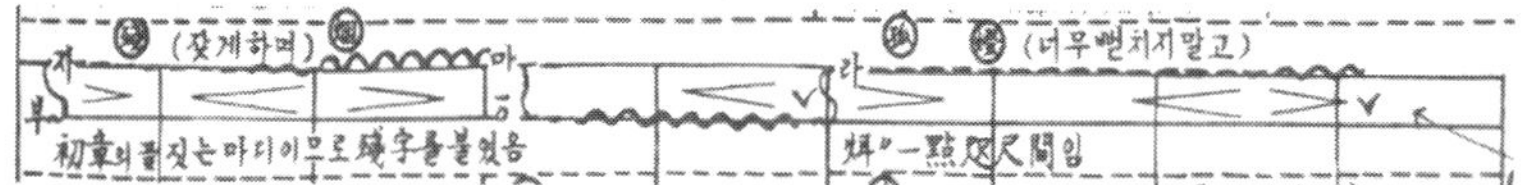

초장의 4각은 5박이고, 5각은 8박이다. 5각의 실박은 4박 여박도 4박이다. 1,2,3각과는 달리 4, 5각을 묶어 하나의 영시로 그 악상을 표현했다.

초·중장의 4, 5각의 영시와 음의 진행은 다음과 같다.

각	4					5			
박	1	2	3	4	5	1	2	3	4
율려	4——— 1		#/4~	1 ~~~→ 1		4———————			
영시	殘		煙			孤燈			

초장 4, 5각은 '殘烟孤燈', '외로운 등불에 하늘거리는 연기처럼' 이다. 1째박은 1음에서 4음으로 진행, 4음으로 2째박까지 뻗고 3째 박은 #/4음으로 떤다. 그리고 4,5째박은 1음으로 흔든다. 변화 진행 이 초장 1각과 비슷하나 1째박 1음에서 4음으로의 진행이 다르다. 여기까지가 '殘烟'으로 표현되었다. 그리고 5각에서는 4음으로 다시 변화, 1째박에서 4째밖까지 뻗는다. 이 뻗는 모습을 '孤燈'으로 표현

했다.

4각의 1,2째박에서의 '殘', '하늘거리는'으로 4,5째박에서는 '烟', '연기'으로 그 악상을 표현했다. 본 악상에서는 '초장의 끝짓는 마디이므로 잔(殘)자를 붙였다'고 하였다. 4각에서는 4음으로 2박을 뻗고 #/4음으로 1박을 떨고 1음으로 두박을 흔든다. 뻗고 떨고 흔드는 모습은 하늘거리는 연기의 이미지를 연상시킨다. 5각의 1,2,3,4박은 4음의 뻗는 음으로만 되어 있다. 이 4음의 뻗는 음을 '孤燈', '외로운 등불'로 표현했다. 외로운 등불은 움직임이 없다. 이를 뻗는 음으로 표현했다. 곧고 외로운 선비의 정신을 연상시킨다.

박	1	2	3	4	5	1	2	3	4
공간 시간	1,4뻗음(2)#/4떨음(1)1흔듦(2),1					4뻗음(4)			
이미지	연기의 하늘거리는 모습					흔들리지 않는 모습			
유사 정도	○					○			

2. 중장

1) 중장 1각, 杳入雲中

중장의 1각(5박) 영시와 음의 진행은 다음과 같다.

박	1	2	3	4	5
율려	6 4〜〜〜#4 1	#4——————————————————4〜〜〜〜〜〜〜〜〜〜→			
영시	杳	入		雲	中

중장의 1각(5박)은 '杳入雲中', '아득히 구름 속으로 들어가듯' 이다. 중장의 1각은 1째박에서 1음에서 4음으로 진입, 잠시 흔들다 1째박 끝에서 4#음을 거쳐 6음으로 올라간다. 이러한 과정을 '杳', '아득하다'라는 뜻으로 표현되어 있다. 1째박 끝 6음에서 2째박 4#음으로 진입, 2박 반을 뻗다가 4째박 중간 쯤에서 4음으로 내려가면서 흔들어 5째박에서 4음으로 마무리한다. 2째박 #4음을 거쳐 6음으로 진입 모습을 '入', '아득한 것이 구름 속으로 들어가듯'으로, 4째박의 4음으로의 흔드는 모습을 '雲中', '구름 속으로'라는 뜻으로 묘사되어 있다.

1째박은 1음에서 4음으로 흔들다 #4음, 6음으로 진행된다. 그 악성이 '아득히'로 되어 있어 먼 구름 속으로 들어가기 직전의 준비 상황을 그렇게 표현하고 있다. 구름 위로 들어가려면 움직임이 있어야하고 입구가 있어야한다. '아득한'의 이미지를 짧게 흔들면서 음의 높이로 조절하여 표현했다. 그럴듯하게 매치가 되었다. 그러다가 1째박 끝 6음에서 2째박 #4음으로 들어가 #4음으로 4째박 중간까지 길게 뻗는다. 1째박의 6음이 2째박의 #4음 속으로 들어간다. 이것을 구름 속으로 들어가는 모습의 악상으로 표현했다. 2째박 #4음이 입구인 셈이다. 4째박 중간에서부터는 #4음을 점점 낮게 조절, 4음으로 흔들어 마친다. 구름 속의 보이지 않는 모습을 흔들어 표현했다. 이 부분의 이미지 유사성은 다소 떨어지는 듯 보인다. 본 악상에서는 '아득한 곳으로 들어가듯이'로 되어 있다.

박	1	2	3	4	5
공간 시간	1,4흔듦(0.5) #4,6(0.5)	#4뻗음(2.5), 흔듦(1.5)			
이미지	아득한 움직임	입구로 들어가는 모습과 들어간 후의 모습			
유사 정도	○	○			△

2) 중장 2각, 長江流水

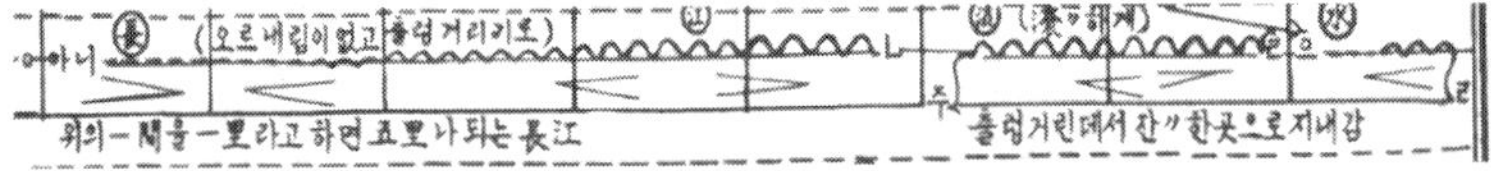

중장 2각(8박) 영시와 음의 진행은 다음과 같다.

박	1	2	3	4	5	6	7	8
율려	4———————		#/4〜〜〜〜〜〜〜〜〜			#/4〜〜〜〜〜 1		4——— 1
영시	長江							流水

　중장 2각(8박)은 '長江流水', '길고 긴 강물이 흐르는 물처럼'이다. 1째박에서 2째박까지 4음으로 뻗고 3째박에서 5째박까지 #/4음으로 떤다. 여기까지가 '長江', '길고 긴 강물'이다. 6째박에서 1음에서 #/4음으로 올라가 7째박까지 떤다. 그리고 8째박에서 4음으로 뻗다가 8째박 끝에서 다시 1음으로 떨어진다. 여기까지가 '流水','흐르는 물처럼'이다.

　1째박 4음이 2째박까지 뻗는 것을 '길고 긴 강물' 이미지로 표현했다. 긴 강물이 잔잔하게 뻗어가는 모습을 표현한 것으로 보인다. 그러다가 3째박부터 5째박까지 #/4음의 떠는 모습은 강물의 출렁거림을 연상케 한다. 본 악상에서는 '인간을 일리(一里)라고 하면 오리(五里)나 되는 장강이다'라고 하였다. 긴 강물이 오르내림없이 뻗어가기도 하고 출렁거리기도 하는 모습을 악상으로 표현한 것으로 보인다. 6째박에서는 1음에서 변화를 주고 #/4으로 떨다가 8째박에서 다시 4음으로 뻗어 1음으로 마무리한다. 본 악상에서는 '출렁거린데서 잔잔한 곳으로 시나삼'을 의미한다고 하였다. 영시의 '흐르는 물처럼'을 출렁거리는 강물의 동적인 이미지로 표현했다. 흐르는 강물의 지루함에 다소의 변화를 주기 위한 것으로 해석된다.

박	1	2	3	4	5	6	7	8
공간 시간	4뻗음(2),#4떨음(3)					1#/4떨음(2),4뻗음(2),1		
이미지	잔잔히 흐르고 출렁거림(정과 동)					출렁이고 흐름(동과 정)		
유사 정도	○					○		

3) 중장의 3각, 高山放石

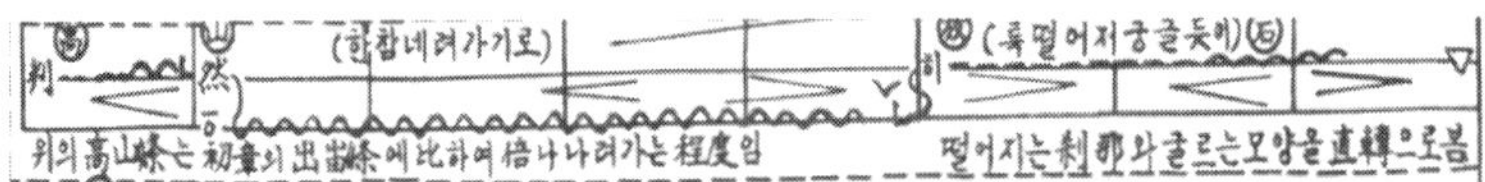

중장 3각의 영시와 음의 진행은 다음과 같다.

박	1	2	3	4	5	6	7	8
율려	4 #/4~	4				4————		～～▽
		1 ～～～～～～～～～～→ 1						
영시	高	山				放		石

중장 3각은 '高山放石', '높은 산에 돌 굴러내리듯'이다. 중장 1째박은 4음에서 약간 뻗다가 #/4음으로 떤다. 2째박에서는 4음에서 1음으로 떨어뜨려 5째박까지 흔든다. 이 부분은 '高山', '높다'이다. 그러나 6째박에서는 1음이 4음으로 반전, 4음으로 6,7째 박까지 뻗고 8째박에서 흔든다. 여기서는 '放石', '돌 굴러내리듯'으로 표현되어 있다. 또 8째박에서의 흔들고 마지막에서 장식음으로 마무리했다.

1째박 4, #/4음은 높은 산을, 산 아래를 1음으로 표현한 것은 산의 높이를 연상시킨다. 이것이 2째박의 4에서 1로의 변화로 5째박까지 흔드는 모습으로 표현했다. 본 악상에서는 '고산조(高山條)는 초장의 출수조(出峀條)에 비하여 배나 내려가는 정도'라고 표현한다. 높은 산과 긴 능선을 연상할 수 있다. 그러다 6째박에서 다시 4로 반전, 2박을 뻗다가 8째박에서 흔들고 장식음으로 마무리했다. 본 악상에서는 '떨어지는 찰라와 굴러가는 모양을 직전(直轉)으로 봄'으로 되어 있다. 음의 반전은 방향이 바뀌거나 행동이 반전될 때 필요하다. 이 부분은 산에서 돌이 떨어지는 찬라와 굴러 내려가는 모습을 연상시킨다. 마지막에서 더 이상 굴러 떨어지지 않도록 장식음으로 마무리했다.

박	1	2	3	4	5	6	7	8
공간 시간	4#/4떨음(1),4,1흔듦(4)					4뻗음(2),흔듦(1)		
이미지	산의 모양					산에서 굴러 떨어지는 모습		
유사 정도	○					○		

4) 중장의 4, 5각, 平沙落雁

중장의 4,5각의 영시와 음의 진행은 다음과 같다.

각	4					5					
박	1	2	3	4	5	1	2	3	4	5	6
율려	4---	4 … 1→ 1		4---	#4~	4 ----------→ 1					
영시	내릴 곳을 보며			平, 평평한		沙, 모래				落	雁

중장의 4,5각은 '平沙落雁', '모래 사장에 사쁜 내리는 기러기처럼'이다. 중장 4각 1째박은 4음으로 뻗고 2째박에서는 4음에서 1음

으로 변화, 3째박까지 흔든다. 4째박에서 4음으로 다시 변화를 주어 뻗다가 5째박에서 #/4음으로 떤다. 5각에서는 4음으로 1째박에서 4째박까지 뻗는 음으로 되어 있다. 그러다 5째박에서 흔들다가 6째박에서 1음으로 떨어지면서 깔끔하게 마무리한다.

1째박에서 3째박까지는 4음으로 뻗고 1음으로 떨어져 흔드는 모습은 마치 기러기가 공중에서 모래 사장에 착지할 위치를 엿보고 있는 것을 연상시킨다. 본 악상에서는 '질 곳을 멀리 엿보고'로 되어있다. 4째박에서는 4음으로 뻗고 5째박에서는 #/4로 떨고 있다. 이를 '平', '평평한'의 의미로 표현했다. 뻗고 떠는 것이 평평한 의미로 해석하기엔 어려우나 단조로움을 깨는 파격쯤으로 해석하면 큰 무리는 없을 것으로 생각된다. 그리고 5각의 1째박에서 5째박까지 길게 뻗고 5, 6째박에서 흔드는 모습은 평평한 모래 위를 기러기가 길게 나는 모습과 내려 앉을 때의 날개짓을 연상시킨다. 4음의 흔드는 음에서 8째박 마지막에 1음으로 사뿐 떨어지는 음은 기러기의 내려앉는 모습을 악상으로 그럴 듯하게 표현했다. 본 악상에서는 '씻어지내다가 사뿐 내려지듯이'로 되어있다. 중장 4,5각 전체 악상은 '사장(沙場)은 십리인데 일자경(一字耕)으로 떨어짐'으로 되어있다.

박	1	2	3	4	5	1	2	3	4	5	6
공간 시간	4뻗음(1)4,1흔듦(2)1,4뻗음(1),#4흔듦(1)					4뻗음(4.5)흔듦(1.5),1					
이미지	평사와 기러기의 날개짓(정동정동)					기러기가 사뿐 내려앉음(정동)					
유사 정도	○					○					

3. 종장

1) 종장 1각, 遠浦歸帆

종장은 초·중장의 각 4개와는 달리 영시가 3개로 되어 있다. 초·중장은 5각으로 되어 있고 종장은 4각으로 되어 있다. 종장 4각은 실박이 1박이고 여박이 7박이다.

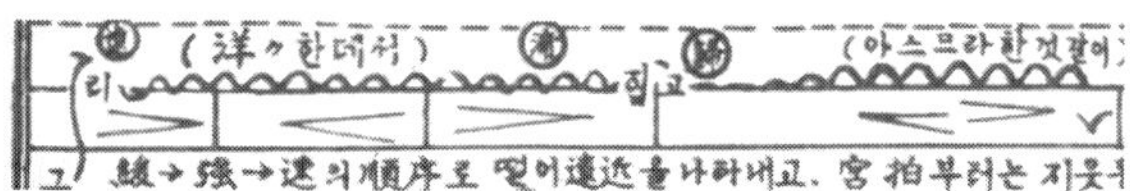

종장 1각의 영시와 음의 진행은 다음과 같다.

박	1	2	3	4	5
율려	#/4〜〜〜〜〜〜〜〜〜〜〜 1 탁4			4------ #/4〜〜〜〜〜〜〜	
영시	遠	浦	歸	帆	

종장 1각은 '遠浦歸帆', '먼 포구에서 돌아오는 돛배처럼'이다. 종장 1각 첫째박은 탁 4음에서 1음을 거쳐 #/4음으로 진행, #/4음이 3째박까지 떤다. 그리고 4째박에서는 4음으로 뻗다가 4째박 중간 쯤에서 #/4음으로 다시 1박 반을 떤다. 반박을 뻗고 1박 반을 떠는 것으로 표현했다.

탁4음, 1음을 거쳐 #/4로 길게 떠는 것을 먼 포구로 표현했다. 탁4음, 1음은 보일듯 말듯한 포구의 정적인 모습을, 3박이나 길게 떠는 것은 동적인 먼 거리를 연상시킨다. 본 악상에서는 '양양(洋洋)한 데서'로 되어 있다. 4째박은 4음으로 반은 뻗고 나머지 1박 반은 #/4음으로 떤다. 4음에서 #/4음으로의 변화와 #/4음으로의 긴 떨음은 4음은 멀리 있는 돛배를 #/4음의 긴 떨음은 돛배가 포구로 돌아오는 먼 거리를 연상시킬 수 있다. 본 악상에서는 '아스라한 것 같이'로 되어 있다.

박	1	2	3	4	5
공간 시간	탁4,1,#/4떨음(3)			4뻗음(0.5)#/4떨음(1.5)	
이미지	먼 바다의 어느 포구(정과 동)			돛배와 먼 거리(동)	
유사 정도	△			○	

2) 종장 2각, 洞庭秋月

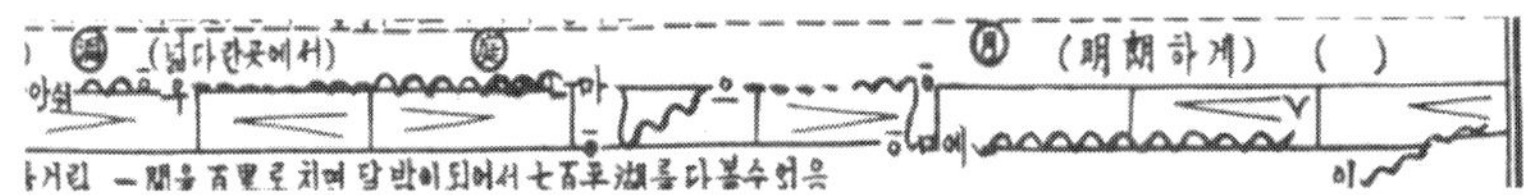

종장 2각의 영시와 음의 진행은 다음과 같다.

박	1	2	3	4	5	6	7	8
율려	#/4~ 4------		#/4~~~	4 4-------------- 1	1	#/1~~~~~		1 탁4
영시	洞		庭			秋 月		

종장 2각은 '洞庭秋月', '넓고 넓은 동정호에 뜬 달처럼'이다. 종장 2각 1째박은 #/4음으로 잠시 떨다 4음으로 1박 정도 뻗는다. 그리고 3째박에서 다시 떤다. 4,5째박은 골자기형 음계[10], 5째박은 뻗는 음으로 5째박 끝에서는 4음에서 1음으로 떨어진다. 6,7째박에서는 #/1음으로 계속 떨다 8째박 계단형 음계로 이어진다.

1째박은 #/4음으로 떨고 2째박은 4음으로 뻗고 3째박은 떤다. 이 부분이 '洞庭', '넓고 넓은 호수'로 표현되었다. 잔잔함은 뻗는 음으로, 출렁거림은 떠는 음으로 악상을 표현한 듯하다. 4째박 골자기형 음계는 가을달이 떠오르기 전의 역동적 모습을, 6째박의 #/1음의 7째박까지의 떨음은 달이 떠올라 호수 위를 물결쳐가는 모습을, 8째박 계단형 음계는 달이 하늘로 둥실 떠오르는 모습을 연상시킨다. 본 악상에서는 '인간을 백리(百里)로 치면 달밤이 되어서 칠백평호(七百平湖)를 다볼 수 없음'으로 되어 있다.

박	1	2	3	4	5	6	7	8
공간 시간	#/4떨음(1),4뻗음(1),#/4 떨음(1)			4,1,4뻗음(2) 1,#/1떨음(2), 계단형 음계				
이미지	물결치거나 잔잔함			바다 속에서 떠오르고 뜨는 역동적인 모습				
유사 정도	○			○				

3. 종장 3·4 각, **完如磐石**

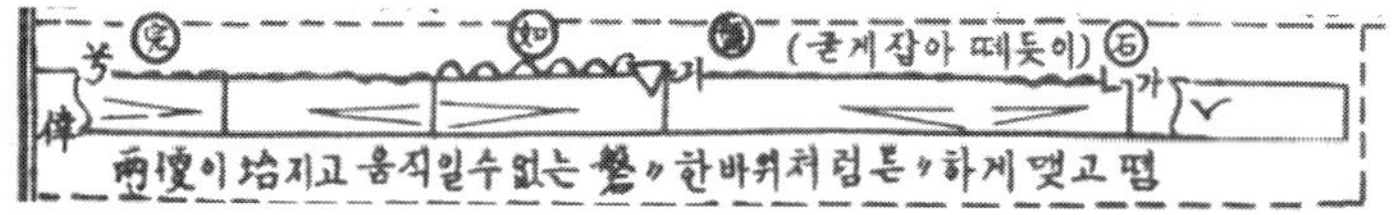

---

10) 골짜기형 음계는 필자가 명명한 것이다.
　　위의 책, 200쪽.

종장의 4각은 실박 1박, 여박이 7박이다. 3각의 4박과 4각의 1박이 합쳐서 하나의 영시를 이루고 있다.

종장 3,4각의 영시와 음의 진행은 다음과 같다.

각	3					4
박	1	2	3	4	5	1
율려	4—————————————— 1		#/4〜〜 ▽	4——————————		4 1
영시	完		如	磐		石

종장 3,4각은 '完如磐石', '맺음은 움직일 수 없는 반석처럼'이다. 종장 3각은 1째박 1음에서 4음으로 1,2째박까지 뻗는 음으로 진행되고 3째박에서 #/4음으로 떨다가 장식음으로 3째박을 일단락시킨다. 그리고 4음으로 4째박, 5째박을 뻗고 4각의 1째박에서 1음으로 맺는다.

1째박 1음에서 4음로 진행, 4음으로 2박까지의 뻗고 3째박에서의 #/4음으로의 떨고 장식음은 시조의 끝맺음을 위해 필요한 사전 행위로 이해된다. 맺기 위해서는 어떠한 행동이라도 있어야 한다. 4째박에서 다시 2박을 뻗고는 마지막 4각 1째박에서는 4음에서 1음으로 움직일 수 없도록 반석처럼 튼실하게 맺고 있다. 이 영시는 3각의 3째박을 제외하고는 뻗는 음으로 되어 있다. 이는 움직임이 없는 반석 처럼 표현하기 위해서 그랬을 것으로 보인다. 마지막에 가서는 1음으로 더 이상 움직일 수 없도록 단단하게 맺고 있다. 본 악상에서는 '굳게 잡아떼듯이, 움직일 수 없는 반반(磐磐)한 바위처럼 튼튼하게 맺고 뗌'으로 되어 있다.

박	1	2	3	4	5	1
공간 시간	1,4뻗음(2),#/4 떨음(1), 4뻗음(2),4,1					
이미지	움직이지 않는 반석처럼 맺음					
유사 정도	○					

4. 나가며

시조 영시와 시조창과의 관계를 분석해 보았다. 시조 영시와 시조창을 공간, 시간으로 파악, 두 이질 장르인 문학과 음악 간의 이미지 유사 정도를 알아보았다. 이러한 분석은 과학적인 근거에 의거, 분석된 것이라기보다는 시조 영시와 가락 진행의 이미지만을 연관지어 분석된 것이기 때문에 다소 자의적일 수밖에 없다. 문학과 음악이라는 두 이질적인 장르의 속성 때문이다.

이미지 유사 관계를 다음과 같이 요약할 수 있다.

초장은 4개의 영시에서 10개의 이미지로 나누어 고찰해본 결과 9개의 이미지가 유사했다. 중장은 4개의 영시에서 9개의 이미지로, 종장에서는 3개의 영시 중 5개의 이미지로 나누어 고찰해보았다. 이 중 중장은 9개의 이미지 중 8개가, 종장은 5개의 이미지 중 4가, 총 24개의 이미지 중 21개가 매우 유사했다.

시조영시와 시조창과의 이미지의 유사 관계는 88% 정도이다. 다소 자의적인 분석이기는 하나 시조가 자연과 가까운 문학, 음악이라는 점에서 본다면 시조영시가 호사가들의 말장난으로 치부하기보다는 자연 친화, 삶의 여유, 생활 풍류에 그 비중을 둔 것으로 생각된다. 시조는 시절가조로 당시엔 주로 선비층들에 의해 인격 수양의 수단으로 불렀던 지금의 세미 클래식 정도의 노래였다.

가락은 말로 표현할 수 없는 그 이상의 의미를 지니고 있다. 평시조에 일관성 없이 장단 마다 분리하여 전혀 다른 표현으로 악상을 나타냈다는 점에서, 하나의 가락에 여러 가사들을 얹혀 불러야한다는 점에서 한계를 갖고 있다. 현학적일런지 모르나 시조창은 웰빙 문학·음악으로써 또한 인간이 지켜야할 도리로서 시조 나름대로의 특성을 지니고 있어 어떤 가사(단시조)도 이를 수용할 수 있는 공간과 여유를 갖고 있지 않나 생각된다. 시조 가락은 초장의 두자 머리, 세자 머리, 네자 머리에 따라, 중·종장의 음절의 과다에 따라 다소 가락의 변화가 있고 어떤 가사(단시조)이건 이 가락에 맞추어 부를 수 있는 신축성도 갖고 있다. 그런 점에서 본 논문의 시조 영시의 시조창 가락과의 관계 분석은 나름대로의 의의를 갖고 있지 않나 생각된다.

시조 영시는 자연의 운행 질서나 현상을 시조의 각 장별로 그 창법의 특색을 영시화한 것이다. 시조창을 한다는 것은 자연의 질서에 순응한다는 말에 다름 아닐 것이다. 시조 연의에도 시조는 도, 덕, 인, 의, 예, 지, 신과 같은 덕목이 있다[11]고 했다. 이렇게 시조창에는 자연의 질서뿐만이 아니라 인간이 지켜야할 도리들도 있어 선비들이 시조를 자신의 인격 수양을 위해 불러왔다는 것도 그만한 이유가 있었을 것이다.

시조 영시와 시조창에는 자연의 질서, 인간이 지켜야할 도리, 선

---

11) 장사훈, 『국악대사전』, 451-452쪽.

비 정신 등이 자연스럽게 녹아있다. 호사가들의 말장난이 아닌 시조 영시의 가치를 인식하고 시조창을 부를 수 있다면 현대인들에게도 심신 수련과 인격 수양[12)]에 많은 도움을 줄 수 있지 않을까 생각된다. 본고는 여기에 부응하고자 하는 하나의 이유가 될 수 있을 것이라 생각된다.

---

12) 시조창을 1-2년간 계속하니까 불안 심리가 없어졌다. 신경쇠약자, 박약자에게 특효가 있다고 한다.
박종진 편저, 『시조와 윤리 회복』(홍인 인쇄사, 1994), 30쪽.

참고문헌

김호성, 『시조창백선』(수서원, 2002)

신웅순, 『문학·음악상에 있어서의시조연구』(푸른사상, 2006)

이양교, 황규남, 『십이가사전』(광명당, 1998)

장사훈, 『시조음악론』(서울대학교출판부, 1986)

______, 『국악대사전』(세광음악출판사, 1984)

정경태, 『수정주해 선율선 시조보』(명진문화, 2004)

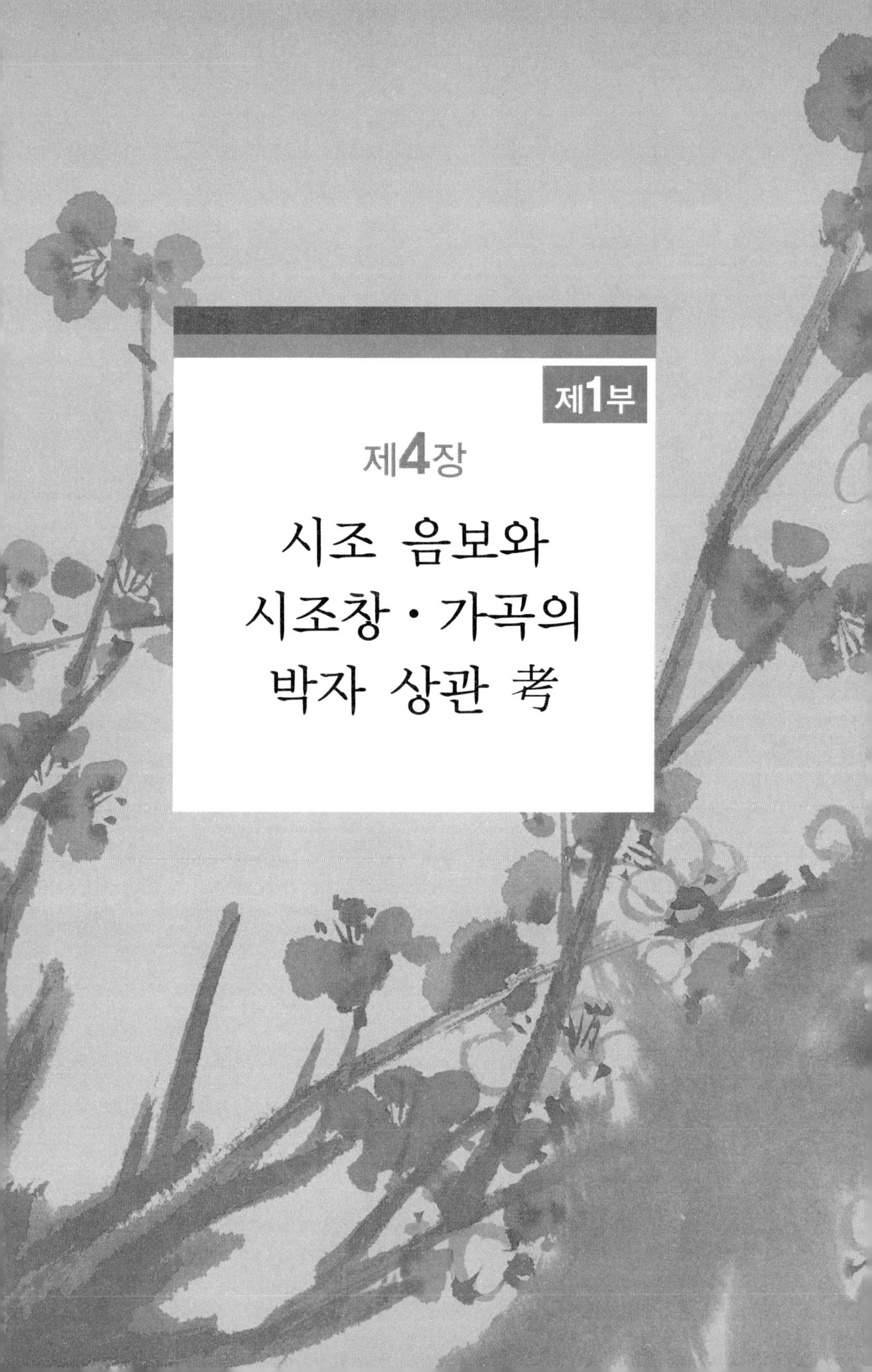

제1부

제4장

시조 음보와
시조창·가곡의
박자 상관 考

제**4**장
시조 음보와 시조창·가곡의 박자 상관 考

1. 들어가며

시조 율격은 '3장 6구 12 음보'의 음보율로 정의하고 있는 것이 통례로 되어 있다. '3장 6구 45자 내외'의 음수율로의 정의는 시조의 율격으로는 합리적이지 못하기 때문이다.[1] 초장 3·4·4(3)·4 중장 3·4·4(3)·4 종장 3·5·4·3의 모형[2]은 전체 시조의 21%를 넘지 못하고 있으며 정확히는 4% 정도에 해당한다.[3] 이런 음수율로의 정의는 불합리하다 하여 시조 율격을 3장 6구 12음보라는 음보율로 정의하고 있는 것이 작금의 실정이다.

율격은 반복 양식을 말한다. 운은 소리 반복의 단위가 기저가 되지만 율은 그 단위를 구성하는 요소가 그 기저가 된다. 양식을 이루

---

1) 김제현, 『시조문학론』(예전사, 1992), 27−28쪽.
2) 서원섭, 『시조문학연구』(형설출판사, 1977), 16−19쪽.
3) 조동일, 『한국시가 전통과 율격』(한길사, 2001), 67−68쪽.

기 위해서는 구성 요소가 필요하기 때문이다. 강약을 구성 요소로 하면 강약율이 되고, 고저를 구성 단위로 하면 고저율이 된다. 음절을 기본 요소로 하면 음수율이 되고 음보를 기본 요소로 하면 음보율이 된다.4)

시조 율격은 강약율, 고저율, 장단율, 음수율, 음보율, 내재율, 의미율5) 등으로 나누어 고찰해 볼 수 있다. 율격의 범위는 최소의 음소에서 최대의 문장에 이르기까지 논의되어야할 범주에 속하기 때문이다. 그러나 기존 시조의 율격은 음수율이냐 음보율이냐의 2분법적인 논의가 대부분이었다. 이 두 율격이 시조 형식을 정의하는 데에 보편적인 기준이 되어 왔기 때문이다.

시조가 최근에 이르러 문학상의 명칭으로는 시조로, 음악상의 명칭으로는 시조창으로 별도로 불리워지게 되었으나6) 시조는 문학상의 명칭이자 음악상의 명칭이다. '시조'는 이런 불가분의 관계 때문에 문학과 음악을 떠나서는 논의하기 어렵다. 시조 율격을 논의해야 하는 소이도 이 때문이다.

시조 율격이 음보율이라는 사실은 문학적인 측면에서의 검토된 정의이지 음악적인 측면에서 검토된 정의라고 말할 수는 없다. 음악적인 측면에서 검증되었을 때 3장 6구 12음보라는 시조 형식은 그 타당성을 획득할 수 있을 것이다.

지금까지 시조 율격에 대한 논의는 주로 문학적인 측면에서 이루어졌다. 시조가 문학·음악이고 본다면 시조 율격에 대한 논의는 문학·음악과의 상호 관련 속에서 논의되어야 하는 것은 당연하다고

---

4) 신웅순, 『현대시조시학』(문경출판사, 2001), 108쪽.
5) 위의 책, 102 − 138쪽.
6) 위의 책, 49쪽.

본다. 본고는 그런 측면에서의 논의이다.

가곡과 시조창은 시조를 노랫말로 해서 부른다. 시조창이 생기기 이전에는 시조가 가곡의 노랫말로 불리워져왔다. 논의 대상은 문학적인 측면에서의 장과 음보, 음악적인 측면에서의 장, 각과 박이다.

2. 시조와 시조창

1. 음보와 각, 박자와의 관계

시조창은 평시조 계열, 지름시조 계열, 사설시조 계열 등으로 나눌 수 있다. 평시조 계열에는 평시조, 중허리시조, 우조시조, 파연곡이 있으며 지름시조 계열에는 지름시조, 남창지름시조, 여창지름시조, 반지름시조, 온지름시조, 우조지름시조, 사설지름시조, 휘몰이시조가 있으며 사설시조 계열로는 사설시조, 반사설시조, 각시조, 좀는 평시조 등이 있다.7) 문학적인 분류로는 단시조, 중시조, 장시조가 있다. 단시조를 노랫말로 하는 것은 평시조 계열 전부와 지름시조 계열의 일부가 이에 해당된다. 장시조를 노랫말로 하는 것은 사설시조 계열이 이에 속한다.

필자는 단시조가 노랫말인 평시조 계열 중 평시조를 분석 대상으로 삼았다. 단시조가 노랫말인 평시조만으로도 율격 논의가 가능하다고 생각되기 때문이다.

---

7) 신웅순, 「시조창 분류고」, 『시조학논총 24집』(한국시조학회, 2006.1), 254쪽.

시조는 각 장 4음보로 되어 있으며 종장 첫째 음보가 3음절, 둘째 음보가 5음절 이상을 제외하고는 3,4음절이 일반적이다.

시조창은 초·중장이 5각, 박자는 5·8·8·5·8, 종장은 4각, 박자는 5·8·5·8로 되어 있다. 이렇게 초·중장은 각과 박자가 같으나 종장은 다르다. 그것은 종장 마지막 4음보를 생략, 1각이 줄었기 때문이다. 종장이 초·중장보다 1각인 8박이 적다.

시조 문학에서의 각 장 4음보는 같은 양으로8) 처리될 수 있지만 시조창에서는 초·중·종장이 5·5·4각으로 되어 있고 5·8박이 서로 섞여 있어 각에 매치된 음보의 양은 서로 다르다. 시조 문학은 장이 4음보로 반복되나 시조창은 장이 각이나 박자로 반복된다.

시조가 문학적인 측면에서는 4음보격이라고 말할 수 있지만 시조창에서는 각과 박에서 시조의 4음보격이 각으로 처리되고 있어 시조와 다소 차이가 있다. 시조 문학에서는 4음보격, 시조창에서는 초·중장 5각, 종장 4각으로 되어 있어 반복 양식이 서로 다르다. 문제는 초·중장의 시조의 49)째 음보와 시조창의 4,5째 각, 종장의 3째 음보와 3,4째 각을 어떻게 해석해야 하는가이다.

시조의 초·중장의 1,2,3째 음보와 시조창의 초·중장의 1,2,3째 각과 일치하고 시조의 4째 음보는 시조창의 4,5각에 3/4,1/4로 배분되어 있다. 시조의 종장은 시조의 1,2째 음보와 시조창의 1,2째 각이 일치하고 시조의 3째 음보는 시조창의 3,4째 각에 3/4,1/4로 배분되어 있다. 이렇게 초·중장의 1,2,3째, 종장의 1,2째 음보와 각은 일치하고 있지만 초·중장의 4째 음보와 4,5째 각, 종장의 3째 음보와

---

8) 임선묵, 『시조시학서설』(청자각, 1974), 40쪽.
9) '첫째, 둘째, 셋째, 넷째' 서수로 써야하나 이하 시각적 편의로 '1,2,3,4째' 기수로 씀.

3,4째 각은 음보와 각이 서로 일치하지 않고 있다.

2. 경제 평시조, '동창이 밝았느냐' 분석

경제 평시조의 이주환 편 '동창이 밝았느냐'의 악보[10]는 다음과 같다.

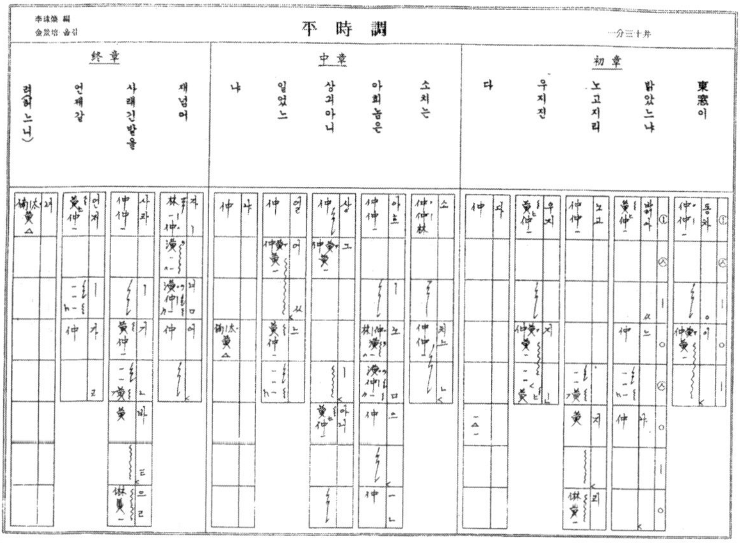

초·중장 1째 음보 '동창이·소치는'은 1째 각 5박에, 2음보 '밝았느냐·아희놈은'은 2째 각 8박에, 3째 음보 '노고지리·상긔아니'는 3째 각 5박에 배치되어 있다. 그러나 4째 음보 '우지진다·일었느냐'는 '우지진·일었느'가 4째 각 5박에, '다·냐'가 5째 각 실박 6박·4박에 배치되어 있다. 이 4째 음보의 3/4이 4째 각 5박에, 1/4이 5째 각 8박에 배치되어 있어 음보와 각이 일치하지 않는다. 초·

---

10) 김경배 편, 『시조창보』(재단법인 월하문화재단, 1998), 5쪽.

중장 5째 각은 8박이지만 초장은 2박이 중장은 4박이 여박이다.

　종장 1째 음보 '재넘어', 2째 음보 '사래긴 밭을'은 1째, 2째 각에 배치되어 있고 3째 음보 '언제 갈려'는 '언제 갈'은 3째 각에 '려'는 4째 각의 실박 1박에 배치되어 있다.

초장

시조	음보	1	2	3	4	4
	음절	동창이 3	밝았느냐4	노고지리4	우지진 3	다 1
시조창	각	1	2	3	4	5
	박자	5	8	8	5	8(실박6,여박2)

중장

시조	음보	1	2	3	4	4
	음절	소치는 3	아희놈은4	상긔아니4	일었느 3	냐 1
시조창	각	1	2	3	4	5
	박자	5	8	8	5	8(실박4,여박4)

종장

시조	음보	1	2	3	4
	음절	재넘어 3	사래긴밭을4	언제갈4	려1
시조창	각	1	2	3	4
	박자	5	8	5	8

　세가지 점에서 논의할 수 있을 것이다. 3음절은 5박에, 4,5음절은 8박에 배치되어 있다는 점과 초·중장의 1,2,3째 각은 1,2,3째 음보가, 종장의 1,2째 각은 1,2째 음보가 그대로 배치되어 있다는 점, 초·중장의 4째 음보의 3/4음절이 4째 각 5박에, 1/4인 끝 1음절이 5째

각 8박에 분리, 배치되어 있고, 종장의 3째 음보의 3/4음절이 3째각 5박에, 1/4인 끝 1음절이 4째 각 8박에 분리, 배치되어 있다는 점이다.

음보는 3음절이건 4음절이건 그 양은 같다. 3음절은 대상 휴지로 결음절을 보충하면 4음절의 양을 가질 수 있으나[11] 각은 박자가 달라 같은 양으로 볼 수는 없다. 양이 적은 3음절은 5박에, 양이 많은 4음절은 8박에 배치한 것은[12] 박의 길이에 맞게 배치하기 위해서일 것이다.

문제는 초·중장의 4째 음보와 종장의 3째 음보가 초·중장의 4,5째 각에, 종장의 3,4째 각으로의 배치했다는 점이다. 초·중장의 4째 음보 중 3음절은 4째 각 5박에 끝 1음절은 5째 각 8박에 배치했고, 종장의 3째 음보 3음절은 3째 각 5박에 끝 1음절은 4째 각 8박에 배치했다.

시조 문학에서는 각 음보의 등장성[13]이 유지되지만 시조창에서는 초·중장의 1,2,3째 음보가 1,2,3째 각에 각각 배치, 4째 음보는 4,5째 각에 3/4,1/4로 배치되어 있고, 종장의 1,2째 음보가 1,2째 각에 각각 배치, 3째 음보는 3,4째 각에 3/4,1/4로 배치되어 있어 음보의 등장성, 등시성이 유지되지 않는다.[14] 음절에 대한 박자의 배율이 맞지 않기 때문이다. 초·중장의 1,2,3째 음보의 1,2,3째 각으로의

---

11) 임선묵, 앞의 책, 40쪽.
12) 통상적이지 그렇치 않을 경우도 있다.
13) 시조를 강약 4보격으로 규정해 놓고 볼 때 3음절 단위의 어절과 4음절 단위의 어절과의 거리를 합리화시킬 등장성, 등시성의 문제가 대두된다. 임선묵, 앞의 책, 38쪽.
14) 시조 문학의 경우는 '음보=등장성=등시성', 시조창의 경우는 '음보≠등장성≠등시성'으로 볼 수 있지 않을까 생각된다. 시조창에서의 박자가 5,8박으로 하나의 각을 이루기 때문이다.

배치와 종장의 1,2째 음보의 1,2째 각으로의 배치는 시조가 문학에서나 창에서나 같은 음보율임을 시사해준다. 음보에 따라 배치된 시조창에서의 각도 하나의 반복 양식으로 볼 수 있기 때문이다. 그러나 초·중장의 4째 음보는 4,5째 각에, 종장의 3째 음보는 3,4째 각에 나누어 배치되고 있어 초·중장의 1,2,3째, 종장의 1,2째의 반복 양식과는 다른 양상을 보여주고 있다.

초·중장의 경우 4째 음보의 앞 3음절은 4째 각, 5박에 배치하고 있고 종장의 3째 음보의 앞 3음절은 3째 각, 5박에 배치하고 있어 초·중·종장의 1째 음보의 3음절이 1각 5박에 배치되고 있는 것과 같아 음절과 박자와의 관계는 무리가 없어 보인다. 그러나 초·중장의 4째 음보의 끝 1음절의 5째 각 8박으로의 배치, 종장의 3째 음보의 끝 1음절의 4째각 5박으로의 배치는 문제가 있어 보인다. 1음절로 하나의 각을 마무리 해야하기 때문이다.

각 장 끝 각은 8박이기는 하나 초장의 5째 각은 여박이 2박으로 실박은 6박이다. 중장의 5째 각은 여박이 4박으로 실박은 4박이다. 종장은 실박은 1박이고 7박이 여박이다. 그리고 초장의 6박은 뻗는 음으로, 중장의 4박은 3박이 뻗는 음, 1박이 끊어 내리는 음으로 되어 있고 종장의 1박은 끊어내리는 음으로 되어 있다.

표에서 보는 바와 같이 3음절은 5박에 4음절은 8박에 배치되어 있으나 초·중장의 4째 음보의 '다,냐'의 1음절은 8박에 배치되어 있다. 실박이라해도 초장은 6박, 중장은 4박이다. 6박, 4박이 1음절로 감당하기엔 그 박이 길어 감당하기 어렵다. 그러나 창으로 시연해 보면 뻗는 음은 1음절로도 6, 4박을 충분히 감당할 수 있다. 뻗는 음은 두 음으로 뻗기에 적합치 않기 때문이다.

초장은 4째 음보 1음절어 '다'는 중려로 뻗는 음에 해당된다. 6박까지 율려 변화 없이 뻗기만 하면 된다. 초장의 1,2,3각에서 뻗는 음은 길어야 4박이다. 그러나 초장의 4째 음보 1음절어 '다'는 뻗어서 6박을 감당하고 있다.[15] 이 1음절의 뻗는 음이 한 각의 기제로 작용하고 있다. 중간에 율려 변화가 있다면 또 하나의 새로운 음절이 필요했을 것이다.

중장은 4째 음보 1음절어 '냐'는 뻗는 음 3박과 탁남·태·황의 내려 끊는 음이 나머지 1박을 감당하고 있다. 초장의 마무리 음은 뻗는 음, 중장의 마무리 음은 뻗고 내려 끊는 음이다. 이 내려 끊는 음은 음절이 없어도 된다. 앞의 음절을 끊기만 하면 된다. 중장과 종장의 마무리 음이 이에 해당된다.

종장은 3째 음보 1음절 '려'는 뻗는 음 없이 탁남·태·황의 내려 끊는 음으로 1박을 감당하고 있다. 중장의 중려로 뻗다가 마무리 하는 것과 같다. 종장의 4째 음보는 생략하고 부른다.

시조의 초·중장의 4째 음보 중, 종장의 3째 음보 중 끝 1음절이 시조창의 하나의 각을 감당하는데 초장은 뻗는 음으로 중장은 뻗고 끊는 음, 종장은 끊는 음으로 마무리를 하고 있다.

시조에서의 반복 양식의 구성 요소는 음보이지만 시조창에서의 반복 양식의 구성 요소는 각(박자)이다. 시조는 각 장 4음보이지만 시조창에서는 초·중장은 5각, 종장은 4각이다. 시조창에서의 초·중장의 1,2,3째 각에서는 시조의 1,2,3째 음보를 빌려와 음보를 각으로 대체시켰고, 종장에서의 1,2째 각에서는 시조의 1,2째 음보를 빌

---

15) 신웅순, "평시조'청산은 어찌하여…'배자··음보 분석" 『한국문예비평연구제18집』(2005), 169쪽.

려와 음보를 각으로 대체시켰다.

시조창에서는 초·중장의 5째 각에서 또 하나의 음보가 필요했기 때문에 시조의 4째 음보에서 끝 1음절을 빌려와 5째 각을, 초장은 뻗는 음 중장은 뻗는 음, 끊어내리는 음으로 감당하게 했고, 종장에서는 시조의 4째 음보를 생략하기 때문에 시조의 3째 음보에서 끝 1음보를 빌려와 4째 각을 끊는 음으로 감당하게 했다. 초·중·종장의 1음절의 1각으로의 처리는 뻗는 음과 끊는 음으로 감당하게 한 것이다.

음악의 고유한 특성을 고려해본다면 시조의 초·중장의 4째 음보, 종장의 3째 음보 중 끝 1음절을 빌려와 시조창에서 하나의 각으로 감당하게 하여 문학의 1음절을 시조창의 한 음의 길이로 대체하게 했다. 음의 길이의 대체 기재가 '뻗는 음'이고 '끊는 음'임을 알 수 있다.

시조의 반복 양식은 음보이고 시조창은 각이고 본다면 시조 문학에서는 각 장 4음보율, 시조창으로는 초·중장은 5각율[16]으로 처리할 수 있을 것이다. 시조는 각 장 4음보이지만 시조창은 초·중장은 5각이고 종장은 4각으로 시조와는 다르다. 이는 서로 다른 장르에서 빚어지는 특성으로 논의의 여지가 있다.

시조의 초·중장의 1,2,3째 음보와 종장의 1,2째 음보는 시조창의 초·중장의 1,2,3째 각과 종장의 1,2째 각에 대응되고 있다. 또한 시조의 초·중장의 4째 음보의 음절과 종장의 3째 음보의 음절이 시조창에서는 초·중장의 4,5째 각, 종장의 3,4째 각으로 나누어져 하나의 음보로 두 각을 감당하고 있다. 그리고 음보는 반드시 각으로 마

---

16) 안동대 전재강 교수의 토론문에서 시조의 율격을 음보율이라고도 하고 각율이라고도 할 수 있는 지의 여부를 묻는 질의에서 나온 용어임.

무리되고 있다. 이러한 음보의 각으로의 대응과 감당, 그리고 음보의 각으로의 마무리는 시조창에서도 시조가 음보율임을 간접적으로 입증해주고 있는 것이 아닌가 생각된다.

3. 시조와 가곡

1. 음보와 장, 박자

가곡[17]은 시조 3장과는 달리 5장으로 부르게 되어 있다. 시조 처럼 종장 4째 음보를 생략하지 않고 시조 3장을 다 부른다. 가곡은 대여음·1장·2장·3장·중여음·4장·5장·(대여음)으로 구성되어 있다.

남창가곡 평조 우락「조다가…」를 본 텍스트로 삼았다. 어떤 다른 곡도 분석 대상이 될 수 있으나 기본형에서 편리한 하나의 사례로 이 곡을 선정했다.

시조 3장과 가곡 5장을 비교해보면 다음과 같다.

　　　　　대여음

시조　초장　조다가　/낚시대를 잃고　　　　　　　가곡 1장

　　　　　춤추다가 /되롱이를 잃의　　　　　　　　　　2장

---

17) 가곡은 전통 성악곡의 하나로 단시조를 가사로 하여 관현악 반주로 불리워진다. 현재 전승되고 있는 남창 가곡은 26곡, 여창 가곡은 15곡, 41곡이 전해오고 있다. 41곡은 각 정해진 시조 하나만을 그 노랫말로 삼지 않고 곡조에 따라 여러 종류의 시조시를 노랫말로 삼고 있다.

중장	늙으니 /망녕으란 /백구야 /웃지마라	3장
중여음		
종장	십리에/	4장
	도화 발허니/ 춘흥겨워/ 허노라	5장

(대여음)

위와 같이 시조 초장의 1,2음보는 가곡 1장에, 3,4음보는 가곡 2장에 해당되고, 중장은 가곡 3장에, 종장의 1 음보는 가곡의 4장에, 2,3,4음보는 가곡의 5장에 해당된다.

가곡 장단은 10점 16박의 기본 장단과 10점 10박의 편장단이 있다. 16박 장단은 3박과 2박의 혼합으로 네마디(11박)와 두마디(5박)으로 나뉜다. 가곡 장단은 제 1째 박과 12째 박에서 합장단이 두 번 출연하는데 처음 11박을 '원각'이라 하고 나머지 5박을 '반각'이라고 부른다.[18] 현행 가곡 1·2·4장에서는 원각이 반각보다 선행한다. 가곡의 16박은 장고점의 '떵'에 의하여 3·3·2·3의 원각 11박과 3·2의 반각 5박으로 이루어진다.

10점 10박의 편장단은 기본 장단에서 장고점이 없는 박자를 모두 빼버리고 장고점이 있는 박자만 계산한 것이다. 속도는 기본 장단보다 비교적 빠르며 원각 2·2·1·2의 7박과 반각 2·1의 3박이 합쳐져 이루어진다. 이는 기본형이 아닌 편장단으로 본고에서는 제외했다.

다소 가감이 있으나 가곡의 장과 박의 기본형은 다음과 같다.

---

18) 권오성, 『한민족 음악론』(학문사, 1999), 194쪽.

초장 － 왼각, 반각, 왼각, 반각의 4각의 총 32박

2 장 － 왼각, 반각, 왼각의 3각의 총 27박

3 장 － 반각, 왼각, 반각, 왼각, 반각의 5각 총 37박

4 장 － 왼각, 반각, 왼각의 3각 총 27박

5 장 － 반각, 왼각, 반각, 왼각, 반각, 왼각의 6각 총 48박

이 기본형에서 벗어날 때는 가곡 3장에서 길어진다. 남창 평조, 계면조 '소용이', 평조 '언락', 평·계면 '편락', 계면 '편수대엽', 계면 '언편', 평조 '우편', 여창 계면 '평롱', 평조 '우락', 평·계면 '환계락', 계면 '편수대엽'이 이에 속한다. 위 기본형에 가곡 3장만이 길어지는 것 외에는 나머지 장은 박자가 같다.

2. 평조 우락 '조다가…' 분석

텍스트[19]는 다음과 같다.

---

19) 김기수 편저, 『정가집』(은하출판사, 1995), 58쪽.

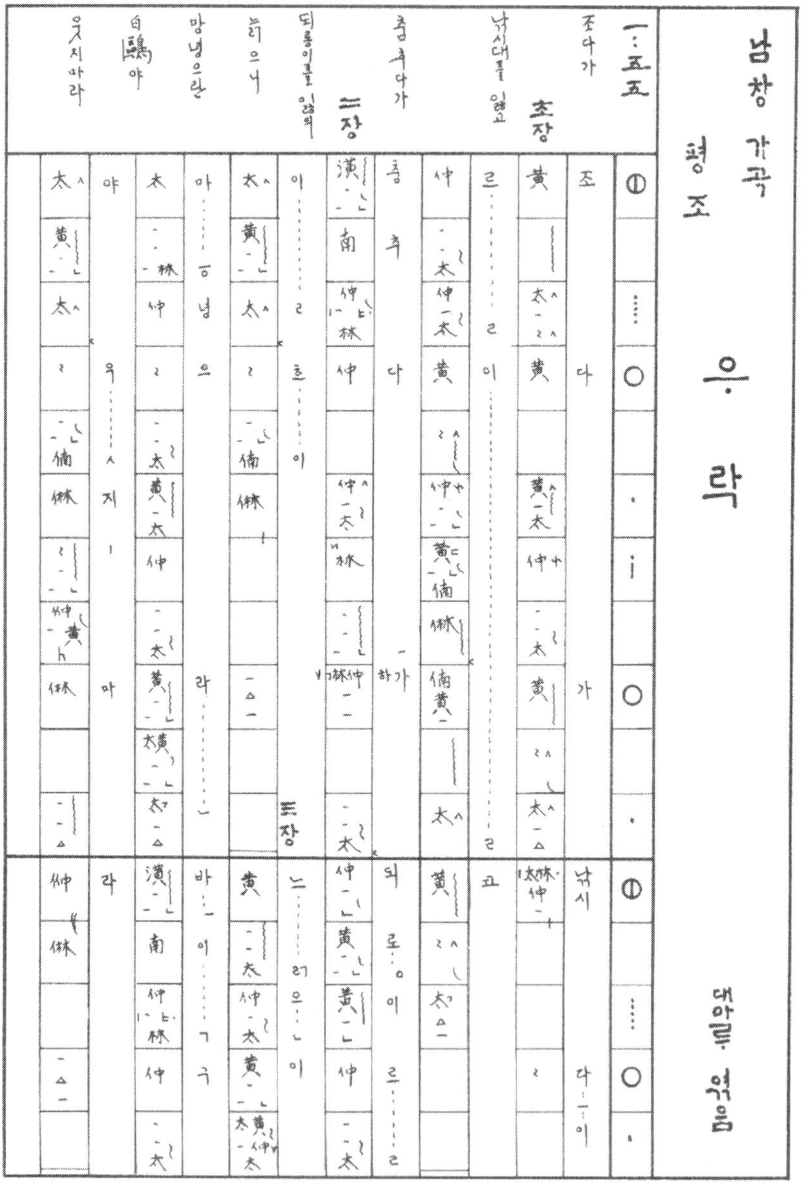

남창 가곡 평조 우락

언락 엮음

초장

조다가 낚시대를 잃고 춤추다가 되롱이를 잃어

二장

느리니 망녕으란 白鷗야 웃지마라

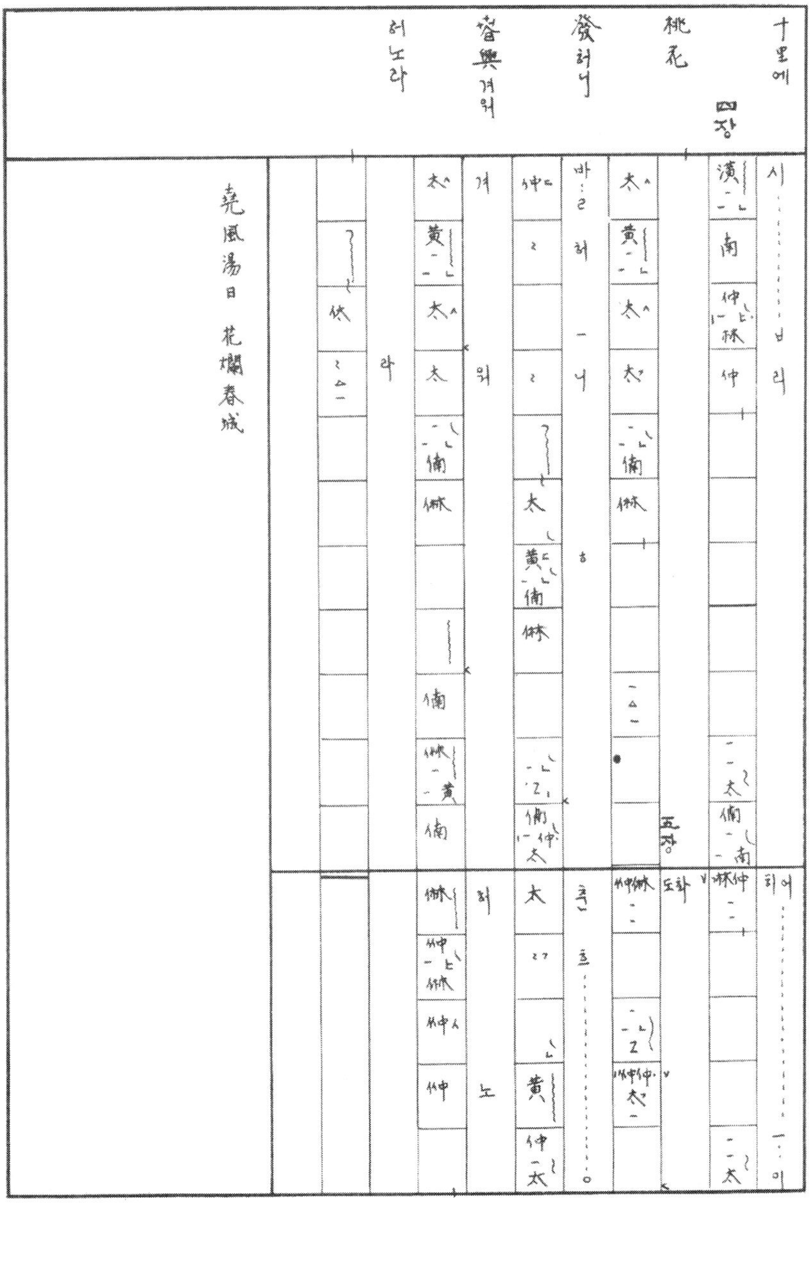

十里에	桃花 四장	發허니	참興겨워	어노라	堯風湯日 花爛春城
시 …… ㅂ 리	太 黃 太 太 偕 林	바르허니 二 니	거 위 기 太 黃偕 林	太 黃 太 偕 林	依 二二
濱 南 仲林仲	二太 偕 南	二 林仲 太	偕黃備 林	偕 林 二	라
이 …… 이	州林仲 二 太	츠 흐 …… ㅇ	州州林 二 Z 州中太	러 노	堯風湯日 花爛春城
	黃 仲太 五장	黃 仲太	도화	州仲林 州中人 州中	

기본형은 10점 16박이다. 이 기본형은 합장단에서 4마디 11박과 2마디 5박으로 나뉘어져 있다. 1·2·4장은 원각에서 3,5장은 반각에서 시작된다.

박의 크기 순서로 본다면 다음과 같다.

2장(16,11박)=4장(16,11박)＜1장(16,16박)＜3장(5,16,16박)＜5장(5,16,16,11박)

음절이 많으면 그에 감당할 만한 많은 박이 필요할 것이다. 그러나 음절이 적다고 해서 반드시 적은 박만을 필요로 하는 것은 아니다. 시조 중장 1,2,3,4째 음보가 가곡 3장에, 종장 2,3,4째 음보가 가곡 5장에 배치되어 있다. 중장 1,2,3,4째 음보가 종장 2,3,4째 음보보다 음절이 더 많으나 박은 적게 배치되어 있다. 또한 종장 1째 음보는 3음절 밖에 되지 않으나 많은 박이 배치되어 있다.

가곡은 10점 16박이다. 이 16박이 합장단에서 원각 11박, 반각 5박으로 나누어진다. 이 원각과 반각이 음보와 어떻게 대응 되는가를 알아보면 음보와 박자, 장과의 관계를 알 수 있다.

초장 1째 음보 '조다가'가 가곡 1장의 11박에, 2째 음보 '낚시대를 잃고'에서는 5,11,5박에 배치되어 있다. 시조 초장의 1째 음보가 11박, 2째 음보가 5,11,5박으로 배치되어 음보와 박자가 일정하지 않다. 3째 음보 '춤추다가'가 가곡 11박에, '되롱이를 잃의'는 나머지 5박, 11박에 배치되어 이 또한 일정하지 않다. 시조 3째 음보가 11박, 4째 음보가 5,11박에 배치되어 이 또한 혼란스럽다. 중장 1째 음보 '늙은이'는 가곡 3장 5박에, 2째 음보 '망녕으란'은 11박에, 3,4째 음보 '백구야 웃지마라'는 5박, 11박, 5박에 배치되어 있다. 종장의 1째 음보 '십리에'는 가곡 4장으로 11박, 5박, 11박에 넓게 배치되어 있어 한 음보로는 박자수가 제일 많다. 종장 2째 음보 '도화발허니'는 가곡 5장 5박, 11박에, 3째 음보 '춘흥겨워'는 5박, 11박에 배치되어 있고, 4째 음보 '허노라'는 5박 11박에 배치되어 마무리를 하고 있다.

다음과 같이 정리할 수 있다.

시조	장	1		2	3	
	음보	조다가(1), 낚시대·를 잃·고(2)	춤 추 다 가 (3), 되롱이 를·잃의(4)	늙은이(1),망령 으란(2),백구· 야웃지마·라 (3,4)	십리·에(1)	도화·발허 니(2)·춘흥 ·겨워(3)· 허노·라(4)
가곡	장	1	2	3	4	5
	박	11, 5·11· 5	11,5·11	5,11,5·11·5	11· 5·11	5·11·5· 11·5·11

원각 11박, 반각 5박으로 나누었을 때 여기에 대응되는 음보는 시조 초장의 1째 음보 '조다기'기 11박에, 3째 음보 '춤추디기' 11박에, 중장의 1째 음보 '늙은이'가 5박에, 2째 음보 '망령으란'이 11박에 대응된다. 나머지 시조 음보들은 원각, 반각에 서로 섞여지면서 음보들이 각으로 마무리 되고 있다. 가곡은 1장 4각, 2장 3각, 3장 5각, 4장 3각, 5장 6각으로 처리되고 있다.

가곡에서 음보와 각이 대응되는 것은 시조 초장의 1,3째 음보와 중장 1,2째 음보뿐이다. 시조에 비해 음보의 각으로의 대응 확률은 떨어진다. 그러나 1개의 음보가 2,3개의 각으로 마무리되거나 2개의 음보가 3개의 각으로 마무리되어 음보와 각이 1대 1 상응되고 있지 않으나 음보는 반드시 각으로 마무리되고 있다. 음악의 특수성을 고려한 때문인 것으로 보인다.

장이 끝날 때마다 1음절에 초장, 3장은 반각을 사용하고 있고 2장과 4장, 5장은 원각을 사용하고 있다. 이는 음정은 다르나 시조와 같이 초·중장의 장이 끝날 때마다 1음절을 사용하여 마무리 하는 것과 같다.

가곡에서도 시조와 같이 음의 길이로 시조 음보와 가곡의 각을 조절하고 있다. 가곡은 시조 3장을 5장으로 나누어 시조의 초·중·종장의 4음보격을 서로 다른 각으로 배치하여 구성하고 있다.

시조의 음보와 가곡의 각이 일부 대응되고 있고 대응되지 않더라도 반드시 시조의 음보는 각으로 마무리를 하고 있다. 가곡은 시조에 비해 음보와 각의 대응 확률이 다소 떨어지기는하나 가곡도 시조와 같이 음보가 반드시 각으로 마무리되고 있는 점에서는 같다. 다소 무리가 따르겠으나 가곡에 있어서 음보의 각으로의 대응과 음보의 각으로의 마무리는 시조창과 같이 시조가 음보율임을 간접으로 입증해주고 있는 것이 아닌가 생각된다.

4. 나가며

본 논문은 시조 문학·음악과의 상호 관련 속에서의 율격 논의이다. 논의 대상은 시조 음보와 시조창, 가곡의 각과 박자이다.

시조와 시조창과의 관계는 다음과 같다.

시조의 초·중장 1째 음보는 시조창의 1째 각 5박에, 2째 음보는 2째 각 8박에, 3째 음보는 3째 각 5박에 배치되어 있다. 그러나 4째 음보는 4째 음보의 3/4이 4째 각 5박에, 1/4이 5째 각 8박에 배치되어 있다. 시조 종장 1, 2째 음보는 시조창 1,2째 각에 배치되어 있고 3째 음보는 3째 음보의 3/4이 3째 각에, 1/4이 4째 각에 배치되어 있다. 음보와 각이 일부는 일치되고 일부는 일치되지 않는다.

시조의 반복 양식은 음보이지만 시조창은 각이다. 시조는 각 장 4음보이지만 시조창은 초·중장은 5각, 종장은 4각이다. 초·중장은 시조 4째 음보 중 3음절이 4째 각에, 끝 1음절이 5째 각에 배치되어 시조의 4음보가 시조창의 5각으로 조정, 5각율이 되고 있고 있다. 그러나 종장은 종장 4째 음보의 생략으로 시조창에서 1각이 줄어들어 시조의 3째 음보 중 3음절이 3째 각에 끝 1음절이 4째 각에 배치되어 시조의 4음보가 시조창의 4각으로 조정, 4각이 되고 있어 초·중장과는 달리 각율을 이루지 못하고 있다.

시조는 초·중장의 1,2,3째 음보와 종장의 1,2째 음보가 시조창의 초·중장의 1,2,3째 각과 종장의 1,2째 각이 대응되고 있다. 또한 시조의 초·중장의 4째 음보의 음절과 종장의 3째 음보의 음설이 시조창에서는 초·중장이 4,5째 가, 종장의 3,4째 각으로 3/4,1/4로 나누어져 하나의 음보로 두 각을 감당하고 있으며, 음보는 반드시 각으로 마무리되고 있다. 이러한 음보의 각으로의 대응과 감당, 음보의 각으로의 마무리는 시조창에서도 시조가 음보율임을 간접적으로 입증해주고 있는 것이 아닌가 생각된다.

시조와 가곡과의 관계는 다음과 같다.

가곡에서 음보와 각이 대응되는 것은 시조 초장의 1,3째 음보와 중장 1,2째 음보뿐이다. 시조에 비해 음보의 각으로의 대응 확률이 떨어진다. 그러나 1개의 음보가 2,3개의 각으로 마무리되거나 2개의 음보가 3개의 각으로 마무리 되거나 이 3가지이다.

장이 끝날 때마다 1음절로 1장, 3장은 반각 5박을 사용하고 있고, 2장과 4장, 5장은 왼각 11박을 사용하고 있다. 이는 시조가 음정과 박자는 다르나 초·중장의 장이 끝날 때마다 1음절을 사용하여 마무리하는 것과 같다.

또한 가곡에서도 시조와 같이 음의 길이로 시조 음보와 가곡의 각을 조절하고 있다. 가곡은 시조 3장을 5장으로 나누어 시조의 초·중·종장의 4음보를 1장은 4각, 2장은 3각, 3장은 5각, 4장은 3각, 5장은 6각으로 배치하여 구성하고 있다.

시조의 음보와 가곡의 각이 일부 대응되고 있고 대응되지 않더라도 반드시 시조의 음보는 각으로 마무리를 하고 있다. 가곡은 시조에 비해 음보와 각의 대응 확률이 다소 떨어지기는하나 가곡도 시조와 같이 음보가 반드시 각으로 마무리되고 있는 점에서는 같다. 다소 무리가 따르겠으나 가곡에 있어서 음보의 각으로의 대응과 음보의 각으로의 마무리는 시조창과 같이 시조가 음보율임을 간접으로 입증해주고 있는 것이 아닌가 생각된다.

이러한 음보와 각이 대응되고 음보는 반드시 각으로 마무리된다는 점에서 시조가 음보율이라고 단정하여 말하기는 어려울지 모르나 이에 대한 충분한 조건은 되지 않을까 생각된다.

참고문헌

권오성,『한민족 음악론』(학문사, 1999)

김경배 편,『시조창보』(재단법인 월하문화재단, 1998)

김기수 편저,『정가집』(은하출판사, 1995)

김제현,『시조문학론』(예전사, 1992)

신웅순,『현대시조시학』(문경출판사, 2001)

______,「평시조 '청산은 어찌하여…' 배자·음보 분석」,『한국문예비평
　　　연구제18집』(2005)

______,「시조창 분류고」,『시조학논총 24집』(한국시조학회, 2006)

임선묵,『시조시학서설』(청자각, 1974)

서원섭,『시조문학연구』(형설출판사, 1977)

조동일,『한국시가 전통과 율격』(한길사, 2001)

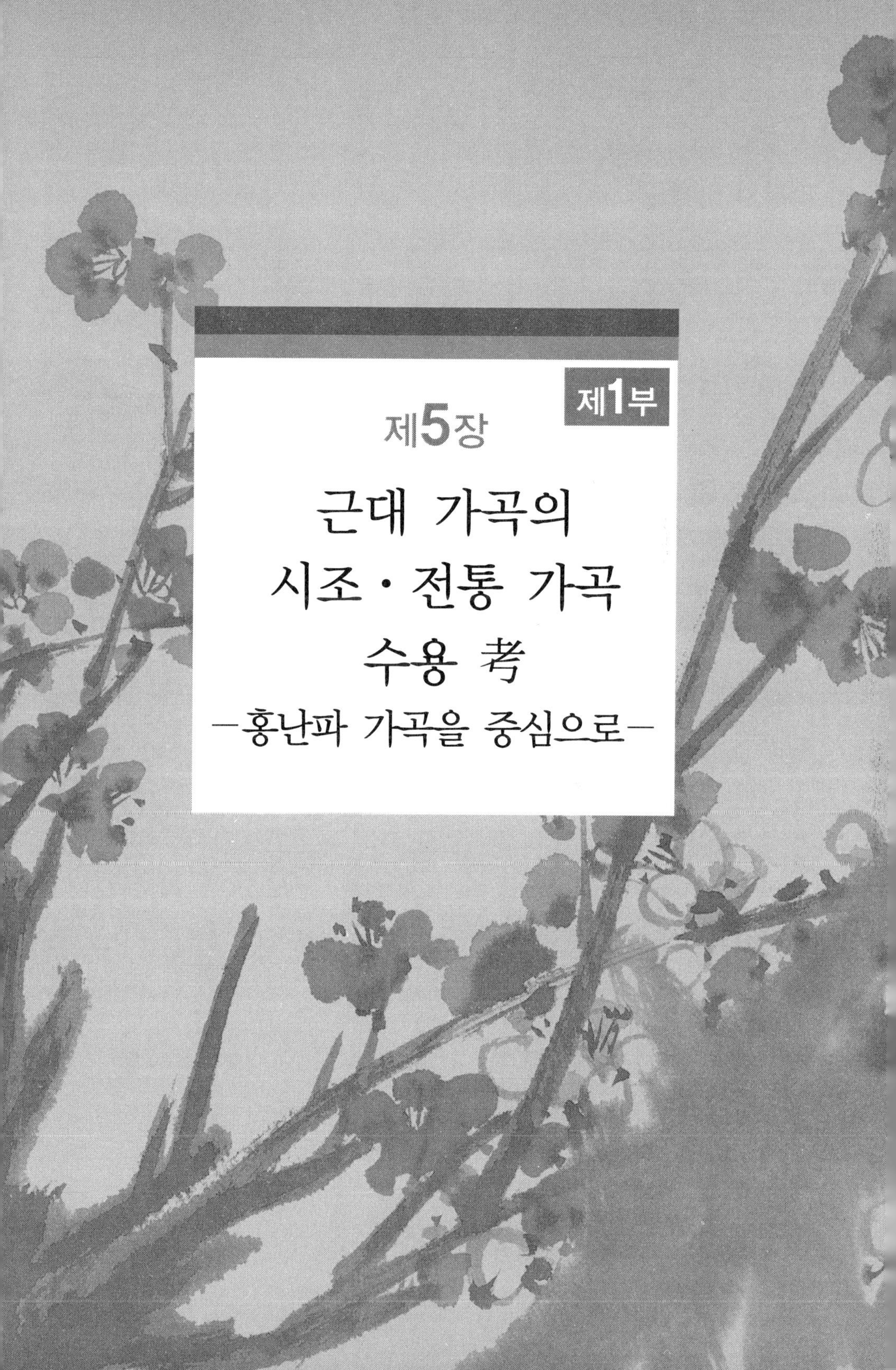
제1부

제5장

근대 가곡의
시조·전통 가곡
수용 考
－홍난파 가곡을 중심으로－

제5장
근대 가곡의 시조·전통 가곡 수용 考
―홍난파 가곡을 중심으로―

1. 들어가며

홍난파는 1920년 말에서 1930년 대 초까지 이은상의 시를 갖고 16편의 근대 가곡을 작곡했다. 이 중 여덟 곡에 시조를 근대 가곡의 노랫말로 썼는데 이 노랫말 가운데에 시조 형식을 채용한 것들이 적잖이 발견된다.[1]

192,30년 대는 시조 문학사에서 개화기 시조에서 현대 시조로 넘어가는 시기이다. 이 시기에 문학·음악이었던 전통적인 시조는 시조 문학의 현대화로 음악은 음악대로 문학은 문학대로 서로의 길을 가게 된다. 그로 인해 현대 시조는 전통의 가곡[2]이나 시조창의 맥을

---

1) 김세중, 『정간보로 읽은 옛노래』(예솔, 2005), 265 – 266쪽.
2) 이 '가곡'은 서양 음악의 가곡이 아니라 시조를 노랫말로 하는 전통 가곡을 말한다.

잇지 못하고 시조의 정체성에서 멀어져 시조가 문학으로 탈각되어 가는 아이러니를 낳게 되었다.[3]

창으로 가창되어 왔던 시조의 노랫말이 전통 가곡이나 시조창 대신 근대 가곡의 노랫말에 일부의 몫을 내어주게 된 것은 개화기 시조에서 현대 시조로 넘어가는, 서양 음악의 수입과 함께 192,30년대에 이루어진다. 근대가곡의 시조의 노랫말 수용이 현대시조의 시점 구분에 하나의 일조가 된 셈이다.

일부 논자에 의해 근대 가곡[4]의 시조 수용 문제가 제기되어 왔으나 이를 구체적으로 증명하지는 않았다. 본고는 현대 시조가 근대 가곡에 어떻게 수용되었는지 전통 가곡과 시조창의 측면에서 검토해보고자 한다. 홍난파의 근대 가곡 8편에서 이러한 수용 관계를 증명해보고자 하는 것이 본고의 목적이다.

현대 시조로의 이행과 더불어 시조는 더 이상의 전통 가곡과 시조창의 노랫말로 불리워지지 않았다. 이러한 창곡과 창작의 분리에 대한 검토는 본고에서는 논외로 하였다. 근대가곡에 시조·전통 가곡이 어떻게 수용되었는지 그 양상을 분석, 이를 입증하는 것이 본고의 목적이기 때문이다.

분석 대상은 3/4박자는 14마디 「성불사의 밤」, 19마디 「그리움」, 17마디 「옛동산에 올라」, 19마디 「장안사」, 24마디 「봄처녀」이다. 4/4박자는 14마디 「금강에 살어리릿다」, 「고향생각」, 9/8박자는 17마디 「사랑」이다. [5]

---

3) 신웅순, 「권두에세이」, 『시조예술』(2007, 봄호), 9쪽.
4) 이 '가곡'은 서양 음악으로 현대의 가곡을 말한다.
5) 김세중, 앞의 책, 266쪽.

2. 시조창과 현대시조

1. 시조와 근대 가곡 텍스트

1) 시조 텍스트

다음은 근대 가곡과의 비교를 위한 평시조의 음보6)와 박자와의 관계를 나타낸 것이다. 텍스트는 이주환의 경제 평시조 '동창이 밝았느냐……'7)이다. 칸은 1박, ♩의 길이를 나타낸 것이다.

초장

동창			이		
밝았			느		냐		
노고				지		리
우지		진		
다					

---

6) 음보는 foot의 역어인데 시각, 또는 운각이라고도 한다. 강세음과 약세음, 장음과 단음 또는 음절량에 의하여 구성되는 율격 형성의 최저 단위이다.
    문덕수, 『시론』(시문학사, 1993), 144쪽. 참조.
    시조는 각 장 4음보로 3장 12음보로 되어 있다. 박자는 초장과 중장은 5·8·8·5·8, 종장은 5·8·5·8이다.
7) 김경배 편, 『음악통론』(한국전통문화원, 1986), 5쪽.

중장

소			치는	
아이			놈		으		은
상	그				아니	
일	어		느	
냐			

종장

재		넘	어	
사래			긴		밭		을
언제			갈	
려	

2) 근대 가곡 텍스트

① 3/4박자

‘성불사의 밤’은 14마디로 이루어졌다. 편의를 위해 기준을 시조의 장에 맞추었다. ‘│’표시는 마디[8)]이다.

전주 2 마디

성불	│	사		깊ㅡ은│	밤	에	그윽│	한	ㅡ풍	경소	│	리	
주승	│	은		잠ㅡ이│	들	고	객이│	홀로	듣는	구	│	나	
저	│	손	아	마ㅡ저│	잠들	어	혼자│	울게	하	여	│	라	

‘그리움’은 19마디로 이루어졌다.

전주 2미디

누ㅡ	│	라	서	저바다│	를		밑이	│	없		다	하시는│	고	
백	│	천	길	바다라│	도		닿이	│	는		곳ㅡ	있으리│	만	

---

8) 서양 악보는 보표 위에 셈과 여림을 분명히 하기 위해 세로줄을 긋는데 이 세로줄로 나누어진 부분을 마디라고 한다.
　　김달성, 『음악통론』(세광출판사, 1986), 31쪽. 참조.

간주 4마디

| 님 | ㅣ | 그 | 린 | 이마음이ㅣ | 야 | 그릴 | 사록ㅣ | 깊 ― ― 으 | 이ㅣ | 다 | |

'옛동산에 올라'는 17마디로 이루어졌다.

전주 1 마디

| 내ㅣ | 놀 | 던 | 옛동ㅣ | 산 | 에 | 오ㅣ | 늘 | 와 | 다시서ㅣ | 니 | |
| 산ㅣ | 천 | ― | 의―구ㅣ | 란 | 말 | 옛시ㅣ | 인 | 의 | 허사로ㅣ | 고 | |

간주 4마디

| 예ㅣ | 섰 | 던 | 그 | 큰ㅣ | 소― | 나― | 무 | 버―ㅣ | 혀 | 지 | 고 | 없구ㅣ | 려 | | |

'장안사'는 19마디로 되어 있다.

전주 1마디

장하	ㅣ	던		금전벽ㅣ	위		찬재	ㅣ	되	고	남은터ㅣ	에	
이루	ㅣ	고		또―이ㅣ	루	어	오늘	ㅣ	을	보	이―도ㅣ	다	
흥망	ㅣ	이		산중에ㅣ	도		있	ㅣ	다		하――ㅣ	니	

간주 2마디

| 더 | ㅣ | 욱 | | 비――ㅣ | 감 | | 하 | ㅣ | 여 | | ― | ㅣ | 라 | |

'봄처녀'는 24마디로 이루어졌다.

봄	처	녀	제	–	오시	네					–

새	풀	옷	을	입	으셨	네					–
하	얀	구	름	너	울쓰	고					–
진	주	이	슬	신	으셨	네					–
꽃	다	발	가	슴	에안	고					–
뉘	를	찾	아	오	시는	고					–

② 4/4박자의 경우

'금강에 살어리랏다'는 14마디로 이루어졌다.

간주 2 마디

금	강	에	살어	리랏	다		금	–	강	에	살어	리랏	다	
운	무	–	더–	리–	고		금	–	강	에	살어	리랏	다	
홍	진	에	썩은	명리	야		아	는	체	나	하–	리–	오	

'고향생각'은 14마디로 이루어졌다.

어		제 온|	고깃	배	가			고	향	으	로|	간	다하	기		
소		식 을|	전 차	하	고			갯	갓	으	로|	나	갔더	니		
그		배 는|	멀리	떠나	고			물	만	출	렁|	거			리
오	

③ 9/8 박자의 경우

'사랑'은 17마디로 이루어졌다.

	탈	대	로		−	다	−	타	−	시	오				
	타	다	말	진		−	부	디	마	소					
	타	−	고		−	다	−	시	−	타	서				
	재	될	법		−	은	−	하	거	니	와				

간주 4마디

	타	다	가		−	남	은	동	−	강	은				
	쓰	을	곳		−	−	이	없	느	니	다				

2. 텍스트 분석

1) 시조 석줄과 근대 가곡 2배수 모둠

김세중은 시조의 석줄과 2배수 모둠에 대해 다음과 같이 설명했다.

음악의 논리와 시조의 논리가 충돌하는 부분이 또 하나 있다. 홍난파가 배운 어법은 2배수 모둠을 지향하는데, 시조는 짧은 석줄 노래이므로 '정격으로' 곧 사행 대 보행 비율을 일정하게 맞추려면 2배수 모둠이 지어지지 않는다는 어려움이 있다. 이 문제를 해결하기 위해 홍난파는 종장 부분의 음악을 늘리거나 중장 다음에 간주를 집어 넣어 음악 길이를 2배수 모둠에 맞추려고 했다. 이은상 시조로 지은 위 여덟 편 노래 가운데에 네 곡이 이런 변형을 가해 음악 길이를 늘렸다. '그리움·사랑·옛 동산에 올라'는 중장 다음에 노랫말 한 줄에 해당하는 길이의 간주를 넣었고 '장안사'는 노랫말 반줄 길이의 간주를 넣고서 종장 음악 길이를 두 배로 늘려 전체 길이를 4.5 단위로 만들었다. [9]

시조는 초·중·종장의 석줄 노래이다. 홍난파는 이 석줄을 근대 가곡에 대입, 근대 가곡을 석줄 노래로 만들었다. 단순하고 소박한 홍난파의 가곡들은 그 세대의 유소년기 음악 경험 속에 잠복하고 있었을 석줄 노래인 시조의 전통을 은연중에 드러내 보이고 있는 것이

---

9) 김세중, 앞의 책, 267쪽.

다.[10]

　「그리움·옛 동산에 올라·사랑」은 중장 다음 4마디 길이의 간주를 넣어 시조의 석줄을 2배수 모둠지어 만들었다.

초장+중장·간주+종장

1 + 1 · 1 + 1

　「장안사」는 시조 종장의 1,2째와 3,4째 음보를 두 줄로 만들고 간주 2마디를 넣어 4.5 단위로 만들었다.

초장+중장 · 종장의 1,2음보 + 간주 2마디 + 종장 3,4음보

1 + 1 · 1 + 0.5 + 1

　「장안사」는 타시조에 비해 종장의 2째 음보의 음절이 유난히 많다. 많은 음절을 처리하기 위해 종장을 두 배로 늘릴 필요가 있었는지 모른다. 간주 2마디를 넣지 않아도 2배수 모둠이 되는데도 0.5배를 더 늘렸다. 「그리움·옛동산에 올라·사랑」과 균형을 맞추지 않았다.

　그것들은 중장 다음에 간주 4마디를 넣어 2배수로 모둠 처리했으나 「장안사」는 종장을 두 배로 늘려 2배수로 맞추고도 0.5배수에 해당되는 2마디 길이의 간주를 더 넣었다. 그것이 타 가곡과 다르다.

　전통 가곡은 종장을 '4장(1째 음보), 5장(2,3,4째 음보)'으로 나누어 부른다. 홍난파는 근대 가곡 「장안사」를 '시조 종장의 1,2째 음

---

10) 위의 책, 268쪽.

보, 3,4째 음보'로 나누어 처리했다. 홍난파는 '장안사'를 '그리움·옛동산에 올라·사랑」처럼 간주 4마디를 넣어 종장을 한 모둠으로 처리하지 않고 종장을 둘로 나누어 처리했다.

비약일지 모르나 종장을 둘로 나누어 쓴 것은 언급한 바와 같이 전통 가곡과 닮아있다. 우연의 일치로 보기엔 의문이 남는다. 시조를 노랫말로 하는 가곡의 경우에는 종장을 두장으로 나누어 부른다. 가곡은 종장의 1째 음보는 4장에 2,3,4째 음보는 5장으로 나누어 부르는데 홍난파는 이것을 1,2째 음보·3,4째 음보로 나누어 불렀다.

전통 가곡의 4장인 시조의 종장 1째 음보는 특별한 의미를 갖는다. 홍난파의 근대 가곡에서 이를 수용했다면 시조 종장의 1째 음보인 전통 가곡 4장의 의미는 잃어버린 셈이 된다. 홍난파로서는 근대가곡에 있어서는 물리적인 길이의 수용이 편리하고 2모둠 지향에 무리가 없으면 그만이었을지도 모른다. 전통적인 종장의 의미를 살리기 위해서는 근대 가곡에서도 종장의 1째 음보를 1줄로 만들고 나머지 2,3,4째 음보를 1줄로 만들어야 했을 것이다. 그렇치 못하고 다른 근대 가곡과는 다른 2배수 모둠에 0.5배 길이를 더 만들어 처리했다. 전통가곡의 종장을 차용했다고 보기에는 다소의 의문점이 남는다.

2) 중여음, 여박과 간주

가곡[11]은 대여음 1장, 2장, 3장 중여음, 4장, 5장으로 부른다. 시조는 초장 여박(2박), 중장 여박(4박) 종장으로 부른다.[12] 홍난파는 시

---

11) 이 '가곡'은 근대 가곡이 아니라 시조를 노랫말로 부르는 정가를 지칭한다. 시조창이 생기기 이전에는 시조는 가곡으로 불렀다.
12) 석암제는 초장은 여박이 2박이고 중장의 여박이 4박이다.

조의 중장 다음에 간주를 넣어 서양 음악의 2배수 모둠에 맞추어 만들었다. 홍난파가 수용한 근대 가곡의 간주는 전통 가곡의 중여음, 시조 중장의 여박에 해당된다.

　가곡은 시조 3장을 5장으로 부른다. 시조의 초장을 2장으로 나누고 중장을 3장으로 부르고 종장의 1째 음보를 4장으로 종장의 2,3,4째 음보를 5장으로 부른다. 중여음은 시조 중장 곧 가곡 3장 5째각에서 나온다. 여박은 이는 시조 중장 5째각에서 나온다. 이는 근대 가곡에서 시조 중장 다음에 간주가 나오는 것과 같다.

　다음과 같이 정리할 수 있다.

가곡

대여음	1장	2장	3장	중여음	4장 (1)	5장(2,34,)

시조

(전주)	초장	(여박)	중장	(여박)	종장

근대가곡

(전주)	초장	중장	(간주)	종장(1,2)	종장(3,4)

　음악 논리와 시조 논리의 충돌을 완화하기 위해 취해진 것[13]이라도 가곡의 중여음이나 시조의 중장 여박에 간주를 넣은 것은 우연의 일치라고 보기엔 어렵다. 홍난파의 머리 속에서는 이러한 전통의 가

---

13) 위의 책, 267쪽

곡이나 시조에 대한 관념이 잠재해 있어 근대 가곡을 쓸 때 전통 가곡이나 시조 형식을 차용하여 근대가곡에 반영한 것이 아닌가도 생각되는 것이다.

3) 어단 성장

시조는 어단성장으로 되어 있다.[14] 시조는 한 음보에 3,4음절이 대부분이다. 3음절일 경우 처음 음절은 짧게 둘째 음절은 길게 소리를 낸다. 또한 말(語)은 짧지만 소리(聲)는 길게 낸다. 뻗는 소리는 6박까지 내기도 한다. 음의 길이가 짧기는 하지만 근대 가곡에서는 시조나 전통 가곡의 이런 패턴을 그대로 수용하고 있다.

시조의 경우 음절에 따라 다소 변화는 있으나 보통 1째 음절과 2째 음절을 붙여 소리를 낼 때 1째 음절을 짧게 2째 음절을 길게 소리를 낸다. 언급한 「동창이」에서 1째 음절 '동'은 1박 ♩의 1/4인 ♪의 길이 정도이고 2째 음절 '창'은 2+3/4인 ♩♪ 길이 정도이다.[15] 근대 가곡의 「성불사의 밤」의 '성불사'에서 '성불'은 '♪(3/4)♪(1/4)'이고 '사'는 '♩'의 길이이다.

재구해보면 다음과 같다.

동 + 창 = ♪(1/4)　　　　+　♩♪(2+3/4)

성불+사 = ♪(3/4)♪(1/4)　+　♩(2)

---

14) 위의 책, 267쪽.

15) 정종보, 「석암제 평시조보」, 『시조예술』, 한국시조예술연구회, 2008, 136쪽.

‘동’과 ‘성불’은 짧고 ‘창’과 ‘사’는 길다. 이와 같은 패턴이 반복되고 있는 것이다.

평시조창 「동창이…」에서 ‘동창, 밝았, 노고, 우지, 치는, 아흐, 아니, 사라, 언저’등에서 두 음절을 붙여 소리낼 때 짧고 둘째 음절은 긴 패턴을 유지하고 있다.[16] 「성불사의 밤」도 ‘성불사, 깊은 밤에, 그윽한, 풍경소리, 주승은, 잠이 들고’에서 첫째, 둘째 음절은 짧게 셋째 음절은 길게 소리 내어 전반에서 이런 패턴을 유지하고 있다.

가곡에서 주된 어단성장의 패턴은 「성불사의 밤」은 ‘♪ ♪ ♩ 나 ♫ + ♩, ♩, 「옛동산에 올라」는 ‘♫ + ♩’, 「장안사」는 ‘‘♫ + ♩’, 「그리움」은 ‘♫ + ♩’, 「봄처녀」는 ‘♪♪♪+ ♩. ♩’, 「금강에 살어리랏다」는 ‘♪♪♪♪+ ♩’, 「고향생각」은 ‘♪ ♪ ♩ ♩’, 「사랑」은 ‘♫♪ ♩. ♩’으로 되어 있다. 3,4음절일 경우 맨 뒤 4음절은 길게 앞 1,23음절은 짧게 소리를 내어 시조창의 발성과 유사하다. 다소 길이의 변화가 있기는 하나 근대 가곡이 시조창의 패턴을 그대로 보여주고 있는 것이다. 이는 근대 가곡에서 시조창의 어단성장의 창법을 차용한 증거에 다름이 아니다.

4) 장행갈이

이은상의 「봄처녀」는 시조 삼장 석줄로 되어 있다. 근대 가곡 「봄처녀」는 기보상으로는 2배수 모둠을 지향하고 있지만 타 가곡에 비해 마디가 많은 것이 특징이다. 다른 것들은 4마디로 시조 한 줄(장)을 만들었는데 「봄처녀」는 8마디로 시조 한 줄을 만들었다.

---

16) 언급한 시조 텍스트 참조.

「봄처녀」를 제외한 다른 근대 가곡들은 시조 1음보에 한 마디씩 배정되어 있다. 기본 12마디[17)]에 전주나 간주, 후주, 쉼표를 넣어 적으면 14마디 많아야 19마디이다. 그러나「봄처녀」는 전주나 간주, 후주, 쉼표 없이 1음보를 2마디로 처리, 전체 24마디로 만들었다.

시조 3줄을 근대가곡「봄처녀」에서 6줄로 만들어 장갈이를 한 셈이다. 「봄처녀」를 제외한 가곡은 4마디로 1줄을 만들었는데「봄처녀」만은 8마디로 한 줄을 만든 것이다.

고시조와 현대 시조의 형식의 차이점 중 하나가 행갈이에 있다. 고시조는 시조 한 수를 한 줄로 적었고 개화기 시조에는 한줄, 석줄, 6줄을 혼용했다.『신한민보』[18)] 1927년 이후부터는 시조들이 6줄로 되어 있고[19)] 최남선의 최초의 개인 창작집『백팔번뇌』(1926)는 6줄로 장행갈이 되어 있다. 시조 6줄은 1920년 중반부터 나타나기 시작했다.

30년대 전후 홍난파의 근대 가곡에서 시조 석줄을 6줄로 쓴 것은 현대 시조와 맥을 같이하고 있어 주목될 수 있는 부분이다. 8편이나 되는 시조를 근대 가곡의 노랫말로 쓰면서 근대가곡「봄처녀」에서 기보상에서 6줄의 장행갈이를 한 것이다. 2배수 모듬짓다 그렇게 되었을 수도 있었을 것이나 서양가곡에서 당시 시조 3줄을 6줄로 장행갈이를 시도해본 것은 아닐까 추정해보는 것이다. 당시에는 문학에 있어서의 시조의 장행갈이가 이루어졌기 때문이다.

---

17) 시조는 각장 4음보 초·중·종장의 합 12음보로 12마디이다.
18) 1905년 11.22 재미 공립협회 기관지『공립신보』로 창간. 1909.2.10. 119호부터 개편된 대한인 국민회 기관지『신한민보』로 개제. 桑港에서 발행. 국문전용의 주간지이다.
19) 임선묵,『근대시조편람』(경인문화사, 1955), 188쪽.

전통 가곡에 있어서 대여음을 빼면 1장과 2장은 시조 초장, 3장과 중여음은 시조 중장, 4장과 5장은 시조 종장에 해당된다. 이런 형식으로 본다면 전통 가곡도 시조 한 장을 두 줄로 나눈 6줄로 장행갈이의 형식을 갖고 있다고 생각할 수 있다.

시조는 삼장, 3줄이다. 근대 가곡에서 시조를 수용함에 있어 시조의 1음보를 1마디씩 처리했는데[20] 「봄처녀」만은 1음보를 2마디씩 처리하여 장행갈이를 한 것이다.

전통가곡, 시조, 근대가곡 「봄처녀」를 재구성하면 다음과 같다.

별	초장		중장		종장	
전통가곡	1장	2장	3장	중여음	4장	5장
시　　조	초장		중장		종장	
근대가곡	1행	2행	3행	4행	5행	6행

가설일수 있겠으나 홍난파가 우리의 전통 가곡이나 시조를 접해 보았는지는 알 수 없으나 시대적으로 볼 때 서양 음악하는 사람으로써 우리의 음악을 고려하지 않았다고 생각되지는 않는다. 서양 음악이 들어오기 전 당시 대중들에게 일반화된 것은 우리의 성악인 시조 외에는 달리 없었을 것이다. 서양 음악을 작곡을 하는 데에 있어서 특히나 시조를 노랫말로 해서 작곡했다면 시조창을 염두에 두었을 것은 자명하다. 당시 누구나 대중적으로 시조창을 할 수 있었을 정도라면 홍난파도 역시 시조창을 모를리 없었을 것이다.

홍난파의 30년대 전후 초기 초기 근대 가곡 작곡에 우리의 시조를

---

20) 「장안사」만은 종장을 두 배로 늘려 작곡했다.

노랫말로 수용함에 있어서 시조창이나 전통 가곡을 참고했으리라고 보는 것은 본고에서 언급한 수용 상황으로 보아 다분히 추측되어 질 수 있는 부분들이다.

3. 나가며

본고는 시조가 어떻게 근대 가곡에 수용되고 있는가를 비교 검토 해보는 작업이다. 시조의 초·중·종장의 석줄과 근대 가곡의 2모 둠, 전통 가곡의 중여음, 시조의 여박과 간주, 어단 성장 그리고 행갈 이에 대해 알아보았다.

첫째는 '시조의 석줄과 전통 가곡, 근대 가곡의 2배수 모둠'에 대 한 논의이다.

시와 음악의 충돌로 인해 홍난파는 시조의 석줄을 살리면서 근대 가곡을 2배수 모둠 지어 처리하려고 했다. 음악과 시조의 누리를 피 하기 위해 기본값 12마디에 간주를 넣거나 시조 종장을 두 줄로 늘 려 쓰는 방법을 택했다.

둘째는 '중여음, 여박과 간주'에 대한 논의이다.

서양 가곡에 있어서 중장 다음의 간주 처리는 전통적인 우리 음악 인 가곡과의 중여음과 시조의 여박의 영향을 보여준 사례가 아닌가 생각된다.

셋째는 '어단 성장'에 대한 논의이다.

전통 가곡과 시조와 근대 가곡이 대부분 어단 성장으로 되어 있 다. 음절의 과다에 따라 다소 달라질 수 있으나 시조의 1째나 2째 음절은 짧고 2째나 3째 음절은 길다. 이 긴 음절은 말은 짧지만 소리는 길게 낸다. 이러한 시조 창법이 홍난파의 근대 가곡에서 그대로 나타나고 있음을 볼 수 있다.

넷째, '행갈이'에 대한 논의이다.

시조가 고시조와 현대 시조가 구분되어 있는 것 중의 하나가 행갈이이다. 당시 이은상은 시조를 석줄로 써서 6줄의 장행갈이는 하지 않았다. 우연의 일치인지는 몰라도 홍난파는 근대 가곡 「봄처녀」에서 기보상에서 6줄로의 장행갈이 현상을 보여주고 있다. 192,30년대에는 개화기 시조와 현대시조의 분기점에 해당된다. 20년대 중반 이후 6줄의 장행갈이가 생겨났다.

이러한 「봄처녀」의 장행갈이는 현대 시조와 맥을 같이하고 있어 주목될 수 있는 부분으로 이를 근대 가곡에서 시도해본 것은 아닐까 추정해보는 것이다.

본고는 선논자가 제기한 것을 몇가지 근대 가곡의 시조·전통가곡 수용 측면에서 예를 들어 구체적으로 검토, 증명을 해 보았다.

외 근대 가곡의 시조 수용이 어떻게 이루어졌는지 폭넓은 비교 분석이 필요할 것으로 보인다.

참고문헌

김달성, 『음악통론』(세광출판사, 1986)

김경배 편, 『음악통론』(한국전통문화원, 1986)

김세중, 『정간보로 읽은 옛노래』(예솔, 2005)

문덕수, 『시론』(시문학사, 1993)

『시조예술』(2007, 봄호)

『시조예술』(2008, 봄호)

신웅순, 『문학과 음악으로서의 시조 연구』(푸른사상, 2007)

임선묵, 『근대시조편람』(경인문화사, 1955)

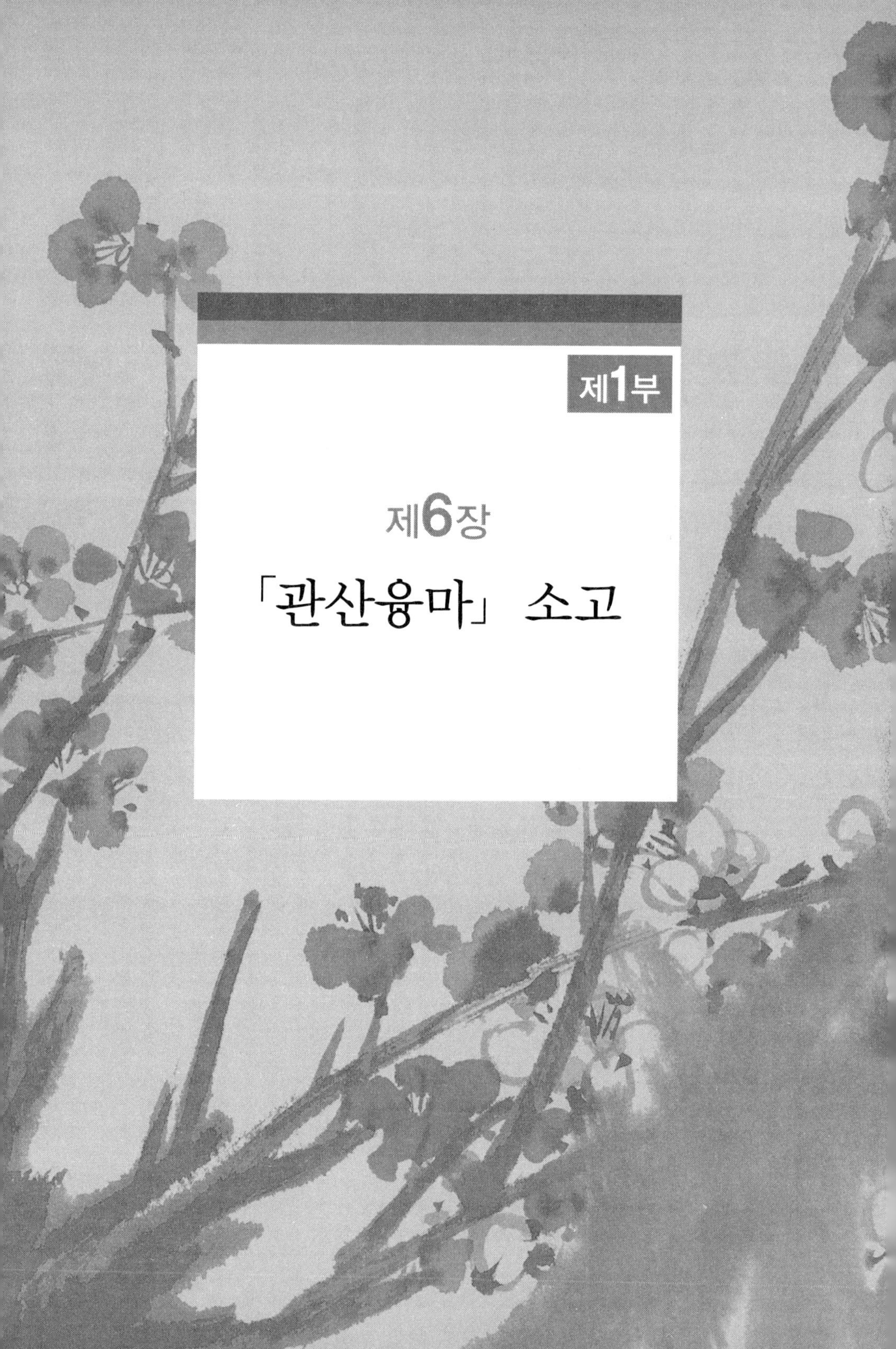

제1부
제6장
「관산융마」 소고

제6장
「관산융마」 소고

1. 들어가며

지난날 선비들이 한시에 선율을 얹어 부르는 것은 흔히 있는 일이었다. 수많은 한시마다 선율을 얹어 읊어왔을 것[1]으로 보이나 실전되었고 현전하고 있는 것은 극히 일부에 지나지 않는다. 「십이난간」, 「관산융마(關山戎馬)」, 「십재경영」, 「춘향가 중에서 이도령이 어사가 되어 거지 행세로 변사또의 잔치에서 시 한수를 지어 부르는 노래」 등이 고작이다. 이렇게 오언절구나 칠언절구, 칠언율시 등 한시에 선율을 얹어 부르는 노래를 시창이라고 한다.

「관산융마(關山戎馬)」는 칠언절구로 원글제는 「등악양루탄관산융마(登岳陽樓嘆關山戎馬)」이다. 이 등악양루는 두보가 만년에 동정호 악양루에 올라 고향의 난리를 탄식하며 지은 작품이다. 「관산융마(關山戎馬)」는 이 시를 주제로 해서 지은 과시의 하나로 병인년(1746) 9월에 지었다. 방이 나자 곧 널리 퍼져 관현가사(管絃歌詞)에

---

1) 이창배 명인이 쓴 『한국가창대계』에는 「鏡浦臺」, 「萬景臺」, 「矗石樓」, 「挽柳武愍」, 「詠風」, 「新秋」, 「關山戎馬」 등이 소개되어 있다.

올라 악원(樂院)·기방(妓房)에서 200여 년 동안 겨레의 사랑을 듬뿍 받았다.2)

「관산융마」는 과시(科詩)개혁, 입악(入樂)악부, 후대에 끼친 영향과 두보의 우국충정, 애국연민 사상의 형상화를 통한 유교적 이념의 시적 승화, 두시를 집약한 대표적 작품이라는 점에서 문학사적 가치와 의의가 매우 크다.3)

시창「관산융마」4)는 원글제「등악양루탄관산융마(登岳陽樓嘆關山戎馬)」칠언절구에 토를 달아 노래한 것이다. 관산융마는 총 44구이나 시창으로 불리워질 때는 첫 2구의 가락을 반복하여 부르기 때문에 첫 2구나 4구절까지만 노래하는 경우가 대부분이다.

본고는「관산융마」의 기초 연구에 지나지 않는다. 먼저「관산융마」의 문학과 음악의 전체적인 조감이 필요하다.「관산융마」에 대한 자료 검토, 이명칭과 명창 계보 등 일단 정리하고자 한다.「관산융마」에 대한 산견들을 체계화 할 필요가 있기 때문이다. 그리고「관산융마」의 선율에 대한 음악적 특징도 아울러 논의할 것이다.

「관산융마」는 그 선율이 가곡, 가사, 시조창의 선율과 비슷하고 곡이 처연하리만큼 아름답고 속청 또한 매우 맑고 깨끗하다. 이러한 연유로 오랫동안 우리 민족의 사랑을 듬뿍 받아왔으며 특히 문인들에게 많은 사랑을 받아왔다.「관산융마」의 선율에 대한 언급은 이에 대한 간접적인 증명이 될 수 있을 것으로 보인다. 텍스트는 김월하

---

2) 이기현,『석북신광수문학연구』(도서출판보고사, 1996), 342쪽.
3) 위의 책, 361쪽.
4) 전통음악 대부부분이 그렇듯이 시창「관산융마」역시 작곡자는 알 수 없으며 음악에 뛰어난 풍류객이나 전문 연주가들에 의해 작곡되었을 것으로 보고 있다.
   김월하,『추강이 어룡냉』(월하문화재단, 신나라뮤직), 65쪽.

의 창 김경배 기보 가곡풍의 「관산융마」이다. 일반적인 「관산융마」
고찰에는 큰 무리가 없을 것으로 사료된다. 서도창 계열의 「관산융
마」와 별 차이가 없기 때문이다.

    1구 : 秋江이 寂寞 魚龍冷허니　　人在西風仲宣樓를
    2구 : 梅花萬國廳暮笛이요　　　桃竹殘年隨白鷗를

가을 강이 적막하니 물고기도 차갑다.
사람이 서풍을 맞으며 중선루에 서있구나.
만국에 가득한 매화 날 저물어 듣는 피리소리
지팡이 짚고 남은 인생은 백구를 쫓는구나

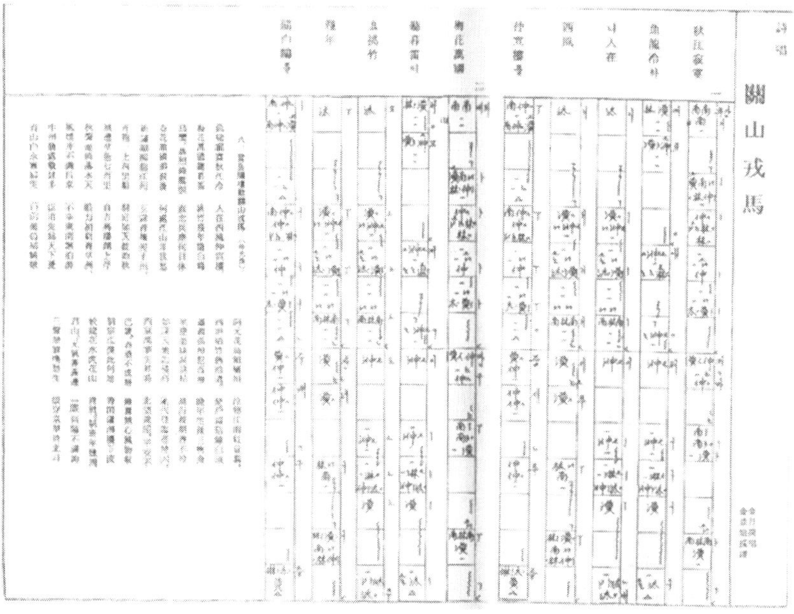

2. 「관산융마」에 대한 몇 가지 자료

다음은 석북 시의 「관산융마」에 대한 기록이다.

頭白名姬漢京　　　淸歌能使萬人驚
練光亭上關山曲　　今夜何因廳舊聲
(余之西遊每携丹妓於湖樓畵舫間灯前月下丹妓輒唱余關山戎馬舊詩
響遏行雲)5)

명기 모란이 머리가 희어 한양성에 들어오니
맑은 노래 능란하게 불러 만인을 놀라게 하네
연광정 위에서 듣던 관산곡을
오늘밤 옛소리를 어쩌면 들을 수 있을까나
(내가 서유할 적에 매양 호루화방에서 늘 단기의 손을 잡았었다.
등잔불 앞과 달빛 아래서 단기가 문득 노래를 부르면 그 소리가 지
나가는 구름 속에 머물렀었다.)

　소리가 지나가는 구름 속에 머무를 정도였다니 단기가 「관산융마」
를 얼마나 잘 불렀는지를 알 수 있다.
　다음은 奏請 副使 홍성원(1750 경)의 燕行을 보내는 시이다. 이
또한 평양의 교방과 홍루계에 인기가 얼마나 높았었는지를 알 수 있
는 하나의 자료이다.

---

5) 신광수, 『석북시집』권 7, 聞浿妓牧丹肄樂梨園戲寄　二首　其一

聲如哀玉丹歌　　四十三州冠綺羅
明月大同江上夜　關山一曲聽如何[6]

구슬 구르는 듯한 모란의 애절한 노래
사십삼주 고을의 기라연의 으뜸이라
대동강 위 두둥실 달도 밝은 밤이거든
관산융마 한 곡조를 들어본들 어떠리

다음은 이능화의 기록이다.

申石北述此詩, 膾炙人口, 平壤妓牧丹爲名者, 最初唱此詩, 聲調凄雅,
諸妓效之因以流行, 至今不絶[7]

신석북이 이 시를 지어 사람들이 즐겨노래하고 있다. 평양기생 가
운데 모란이라라고 하는 자가 있어 맨 처음 이 시를 노래하였는데
소리와 곡조가 매우 처량하고 맑았다. 여러 기생들이 이를 배워 점
점 유행하게 되어 오늘에 이르기까지 끊어지지 않는다.

맨 처음 평양 기생 모란이 「관산융마」를 불렀으며 노래 소리는
처량하고 맑았다고 말하고 있다.

또한 「관산융마」를 지은 연도가 1746년 영조 22년이고 홍성원이
연행시를 지은 때가 1750년 영조 26년 경이라고 말하고 있다. 1746
년에 문학 「관산융마」가 지어졌고 1750년 경에는 창 「관산융마」가
평양의 교방과 홍루계에 유행되었다. 지어진 즉시 창으로 불리워졌

---

6) 위의 책, 권 6, 又進贈三絶其三
7) 이능화,『조선해어화사』7 平壤妓善唱關山戎馬詩 198쪽.

고 유행되었으니 「관산융마」가 얼마나 많은 사람들의 사랑을 받아
왔는지 알 수 있다.

　석북은 1775년 영조 51년에 졸했다. 석북의 아우 진택의 시에도
「관산융마」에 대한 기록이 보인다.

練光亭上欲霑巾　　三十年來物色新
解唱關山戎馬曲　　座中惟有一枝春[8]

연광정 위에서 손수건을 적시고파
삼십년 동안이나 물색은 새롭고
관산융마곡을 풀어서 부르나니
좌중에는 오로니 일지춘만 있구나

　진택은 연광정에서 일지춘의 창을 듣고 사형 석북이 생각나 눈물
을 흘렸다. 석북이 세상을 떠난지 12년 만이다.[9] 1786년 정조 10년
이다. 석북이 세상을 뜬 직후『문집』부록 보유(補遺)에 석북과 관련
된 만사와 제문 등에 「관산융마」에 대한 기록이 있다.

　만사에서 정범조는 ‘下州妓拍飜戎馬　委巷童哇誦聖淵’ 이라했고 윤
동미는 ‘浿館新詞傳樂府　關山舊曲泣羅巾’이라 노래하고는 그 자주에
‘申令關山戎馬詩入妓樂　平壤樂府詩至今傳唱’이라했다. 제문에서 한필
수는 ‘公以文章名於世　勿論貴賤長少而東西南北之人聞公名則曰 文章
之士也　非但東國然也　中國之人亦有聞其名而誦其文者’라고했고　윤재

---

　8)『진택문집』권8 장21 練光亭聽一枝春唱關山戎馬曲感述
　9) 윤경수,『석북시연구』(정법문화사, 1984), 122쪽.

의는 '爲文者無不家誦而戶讀 以爲法例 至於排優娼妓 亦皆被管鉉而詠
歌之'이라 했다.10)

배우와 창기를 비롯, 많은 예인들에게 얼마나 많은 사랑을 받았는
지를 알 수 있다. 전국방방곡곡은 물론 중국에까지 널리 알려졌다.
「관산융마」 일부 싯구가 시조에도 보인다.

平生詩思 掛竿頭허니 世事商諒 不知秋를 秋江이 寂寞魚龍冷하니 人
在西風仲宣樓라. 아마도 人生斯世 老少 豪傑之樂은 座中이신가11)

시조에까지 차운되었을 정도이니 「관산융마」의 인기도를 가히 짐
작할 수 있다. 최근의 박헌성의 석북 묘소 참배 시조에도 「관산융
마」의 일부 싯귀가 보인다.

錦水西風波始秋는 洞庭秋波아니어든 落飛瀟湘 저기러기 蘇山白水
로 울고가니 岳陽登樓杜甫孤魂 너를 보내 哭하느냐12)

두보는 만년에 동정호 악양루에 올라 고국의 난리를 생각하며 등
악양루를 남겼다. 이러한 두보의 애국애민과 비애를 석북은 「관산융
마」에 담았다. '서풍'과 '동정'의 싯구가 보인다. 악양루 두보의 고혼
을 기러기를 보내 곡하느냐고 묻고 있다. 석북의 「관산융마」를 생각
하며 지은 시조이다.

---

10) 이기현, 앞의 책, 364쪽.
11) 심재원 편, 『교본역대시조전서』(세종문화사, 1972), 1138쪽.
12) 이양교, 『시조창보』(서울가악회, 1994), 330쪽.

이가원 박사는 석북 서거 200주년 기념회 강연에서 「관산융마」에
대해 다음과 같이 말했다.

　「관산융마」는 당시에 이미 만구에 회자하였을 뿐 아니라 특히 평양
의 교방 및 홍루계에 인기가 훤등(喧騰)되었다. 춘원 이보경은 일찍이
평양에 놀았을 때 석북의 인기를 염앙(艶仰)하던 나머지에 이름을 광
수라 고쳤고 졸저의 선군 서전공은 지난 경인동란 중에 밀양 영남루
에 올라 「登嶺南樓歌南北兵塵」이란 시를 읊으면서 「관산융마」를 차운
하였다.13)

　윤경수는 '과시개혁과 서도창 관산융마론 하'에서 「관산융마」에
대해 다음과 같이 말하고 있다.

　「관산융마」는 전국 방방곡곡에서 애창되었고 중국에까지 알려져
그 곳 관선정에서도 불리워졌다. 동정호 근처에 있다는 관선정은 중국
의 유명한 정치가와 문인들이 모이는 곳이다.14)

　이상의 석북시의 아우 진택 시의 만사, 제문의, 일반인의 시조와
시의 차운, 이가원의 기념 강연, 윤경수의 논문 등의 기록들을 보면
「관산융마」의 작품성, 음악성 그리고 인기도가 어떠했는지를 알 수
있다. 석북 당대에 「관산융마」만큼 인기를 누린 시가는 없다고들 말

---

13) 이가원, 「숭문연방집」출판기념강연회(출판문화회관, 1975) 부록 4－5
　　쪽.
14) 윤경수, '과시개혁과 서도창 관산융마론 하', 『현대문학』(1979.4), 332
　　－333쪽. 이기현, 앞의책, 365쪽에서 재인용,

한다. 「관산융마」는 홍루계는 물론 가객, 문인들 뿐만 아니라 시공간을 넘어 중국에까지 회자되었다는 사실은 위의 자료 검토로도 충분히 증명되고 있다.

3. 「관산융마」의 이명칭

「관산융마」는 장르에 따라 가사[15] 잡가[16]로 분류되기도 하고, 지역에 따라 남창·북창 계층에 따라 예인창·문인창[17] 등으로 분류되기도 한다.

장르에 따른 가사로서의 분류는 운율과 분량이 가사와 상통한다는 데에서 잡가로서의 분류는 잡가와 함께 노래되었다는 점에서 그렇게 분류되고 있다.[18] 「관산융마」가 창곡의 가사나 잡가의 하나로 인식된 것은 그만큼 널리 애창되었음을 말해준다.

지역별로 남창은 경기 이남에서 불리워진 것으로 경창이 대표적이고 북창은 경기 이북 황해도와 평안도에서 불리워진 것으로 평양을 중심으로 한 서도창이 대표적이다. 계층별로는 교방 등에서 주로 기녀들이 부른 여창이 예인창이라면 한학자들이 부른 남창은 문인창이다.[19] 「관산융마」가 지역, 계층을 넘어 각계 각층에 널리 불리

---

15) 조윤제, 『한국문학사』(탐구당, 1993), 353쪽.
16) 서한범, 『국악통론』(태림출판사, 1996), 176쪽 참조. 서도잡가로 관산융마·공명가·사설공명가를 들었다.
17) 윤경수, 앞의 책, 123쪽, 이기현, 앞의 책, 369쪽 참조.
18) 이기현, 앞의 책, 366쪽.
19) 위의 책, 368쪽.
　　권오성은 문인의 가악으로 가곡, 가사, 시조, 시창(관산융마), 송서를 들었다. 권오성, 『한민족음악론』(학문사, 1999), 207쪽 참조

워졌음을 단적으로 보여주는 예이다.

「관산융마」는 이용기의 『악부』와 정경태의 가악보에 채록되기도
했다.[20] 여기에 부풍성이라는 새로운 명칭이 나온다.

> 본래 이 창은 누구의 작곡인지 알 수 없으나 영호남지방에서는 백
> 학래(白鶴來)진사(호는 靑田扶安人)가 등과 후에 평양에 가서 듣고 와
> 서 명칭을 부풍성(扶風聲)이라하여 대개 속청을 빼고 부르므로 시·
> 고풍을 숭상하던 선비들에게 많이 전창되었었음 ※이 창법은 본래 고
> 법이 없으므로 우견으로서 기보상장단을 배정한 것임[21]

「관산융마」는 처음에는 명기인 모란과 일지춘이 불렀다. 이는 예
인창·여창 등에 맞게 작곡되었을 것으로 보인다. 남창 가곡은 육성
으로만 부르나 여창 가곡은 육성과 속청을 적절히 교차시켜 부른다.
「관산융마」도 속청과 육성을 적절히 교차시켜 소리를 낸다. 알운
성[22] 창법을 육성과 섞어 명주실 같이 가늘고 곱게 뽑아낸다.「관산
융마」는 예인창으로 여성이 불러야 제 맛이 난다. 속청 없이 서도의
처연하고 슬픈 정조의 맛을 살릴 수가 없기 때문이다.

속청을 빼고 불렀다면 젊잖은 선비들이 부른 남창 가곡풍일 것이
다. 남창가곡은 속청을 사용하지 않는다. 여창 가곡의 등장을 19세

---

20) 이기현, 앞의 책, 368쪽.
21) 정경태, 『가악보』(대한시우회, 1964), 53쪽.
22) 알운성은 하늘에 떠다니는 구름을 멈추게 할 정도의 묘를 얻은 음곡을
　　말한다. 알운은 고려 예종 때 명창으로 노래를 잘 불러 영롱과 함께 임
　　금님의 총애를 받았다함.
　　석북시에도 '단기가 문득 노래를 부르면 그 소리가 지나가는 구름 속에
　　머물렀었다.'라고 노래하고 있다.

기 초[23])로 보면「관산융마」는 여창 가곡보다 반세기 이상 먼저 불리워진 셈이다. 당시 명기들이 불렀음을 생각해볼 때 육성과 속청을 적절히 섞어 예인창으로 불렀을 것은 당연하다할 것이다.

백학래는「관산융마」를 듣고 부풍성이라 하여 대개 속청을 빼고 젊잖게 육성으로 불렀다고 했다. 이는「관산융마」가 속청과 육성을 적절히 구사하여 불렀음을 말해주는 것이다. 젊잖지 못해 속청을 빼고 부른「관산융마」가 영호남에서 훗날 시·고풍을 숭상하던 선비들에게 전창되어 불리워졌다고 하니 이것이 문인창이 아닌가 생각된다.

선비들이 불렀었기 때문에 정경태는 이를 정가에 포함시켜 채록했을 것이다. 정경태가 채록한「관산융마」의 선율은 지금처럼 육성과 속청이 적절히 구사되어 있다. 속청을 빼고 부른「관산융마」의 기보는 기록에 보이지 않는다. 정경태의「관산융마」의 기보는 다음과 같다.

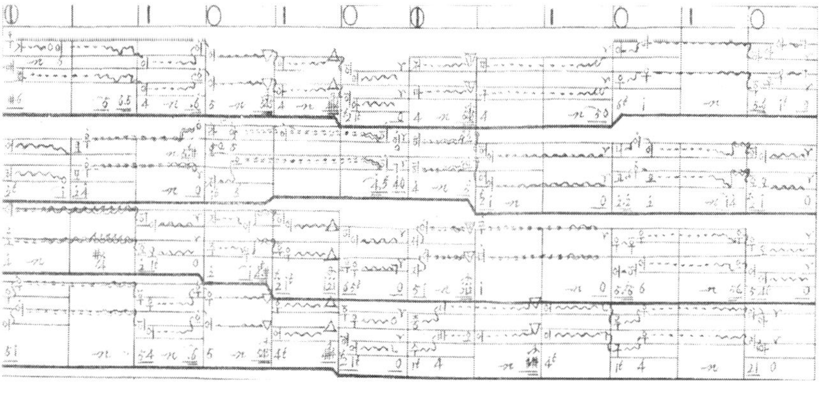

---

23) 김경배 편,『김월하 정가 전집』제 4 집 해설 25쪽.

정경태는 2선보를 창안하여 가곡, 가사, 시조, 시창에 적용했다. 2선보는 2음이 주음인 시조에 가장 알맞아 지금까지 편리한 석암제 시조보로 사용되고 있다. 위 굵은 점선 두 선이 속청으로 빼는 소리이고 굵은 두 선의 물결 모양이 속청으로 흔드는 소리이다. 청중려 이상이 속청으로 부르게 기보되어 있다.

언급한 바와 같이 「관산융마」는 영시·율시·시창·가사·잡가·서도창·남창·북창·예인창·문인창·부풍성 등 많은 이 명칭들이 있다.

이같은 「관산융마」의 많은 이명칭들은 지역, 계층, 시대를 넘어 대중들에게 많은 애창과 인기가 있었음을 보여주는 단적인 예이다. 또한 중국에까지 불리워졌다는 것은 그만큼 「관산융마」의 작품성과 음악성이 우수하다는 것을 증명해 주는 것이기도 하다.

4. 「관산융마」의 명창 계보

「관산융마」는 뛰어난 풍류객이나 전문 연주가들에 의해 작곡되었을 것으로 보인다. 그러나 단편적인 기록만 있을 뿐 작곡자와 계보는 알 수 없다.

기록상 맨 처음 「관산융마」를 부른 이는 모란이다. 언급한 바대로 창작 연도가 1746년 영조 22년이고 홍성원의 연행시가 1750년 영조 26년이다. 이 때는 「관산융마」가 평양의 교방과 홍루계에 유행되었을 때이다.

석북의 아우 진택의 1786년 「관산융마」에 대한 시 '練光亭聽一枝春唱關山戎馬曲感述'의 창작 연대가 1786년이니 이 때는 명창 모란 대신 일지춘이라는 명기가 「관산융마」를 불렀다. 그리고 1800년 대 이후의 「관산융마」에 대한 명창의 기록은 보이지 않는다.

계보는 전해진 바 없으나 언급한 바와 같이 「관산융마」는 서도 명기·명창 등에 의해 널리 불리워져 왔다. 「관산융마」는 평양을 중심으로 서도 명창들에 의해 주로 전승되어왔다. 예술성은 있지만 대중성이 적어 일반에게는 널리 알려지지는 못했던 것으로 보인다.

1900년대에 와서는 장학선(1905 - 1968), 평남출신 가악부분 인간문화재 29호 김정연(1911 - 1987), 49호 오봉녀(1913 - 2001) 그리고 30호 김월하(1916 - 1996) 등에 의해 불리워져 왔다.[24]

---

24) 장학선(1905 - 1970) 서도소리 명창. 본명은 현길(賢吉). 10세 때 평양 관우물 소리방에 들어가 노래를 익혔고 14세 때 평양 기성권번(箕城券番)에 입학하여 김밀화주(金蜜花珠)에게 사사했다. 1920년 평양 모란봉에서 250여 명 예기(藝妓)들이 재예를 겨루는 평양 기성권번 주최 기생연예대회(妓生演藝大會)에서 〈수심가〉로 1등을 차지 전국적으로 명성을 떨쳤다. 25세 때는 조선일보사가 매년 주최하던 전국명창대회에 평

김정연, 오복녀의 명창은 서도 소리의 맛을 김월하는 가곡풍의 맛을 느낄 수 있다.

특히 김월하는 1950년대부터 졸하기까지 「관산융마」의 창으로 유명했다. 그는 장학선 명인에게 시창을 익힌바 있는 이창배(1913 – 1970) 명인을 통해 전수 받았다고 전해지고 있다.[25]

___

양대표로 출전하여 <관산융마>로 다시 한번 장원했다. 이를 계기로 서울에서 활동하기 시작하여 컬럼비아·빅터·오케이 레코드사에서 음반으로 서도소리를 남겼고 방송활동에도 힘썼다. 1968년 중요무형문화재 제29호 서도소리 기·예능보유자로 지정되었다. 한국브리태니커 온란인

김정연(金正淵)(1913 – 1987) 평안남도 평양(平壤)에서 태어나 경기도 개성(開城)에서 자랐다. 1929년부터 이승창(李承唱) 선생께 가곡(歌曲), 가사(歌詞)를 사사, 1934년부터 이장산(李長山) 선생께 전통무용(傳統舞踊)과 서도민요를 사사했다. 1970년에는 중요무형문화재(重要無形文化財) 제 29호 서도(西道)소리 보유자(保有者)로 지정받았다. 인터넷자료 인물편

김정연은 서도창협회를 조직하여 후진도 양성하고 「관산융마」를 제 4구까지 출반하였다. 가악부분 인간문화재 오봉녀(1913 – 2001)여사와 함께 제 13구까지 부른 녹음도 각 방송국에 보관되어 있다. 여창 가악부분 인간문화재 김월하(1916 – 1996)여사는 음반으로는 4구, 녹음은 18구가 국영방송국에 보관되어 있다. 앞의 책, 윤경수, 125쪽.

오복녀(1913 – 2001)는 중요무형문화재 제29호 서도소리 관산융마(關山戎馬) 분야 기능보유자. 서도소리 관산융마 및 《수심가》 분야 예능보유자로 지정되었고 평생을 서도소리의 원형 보존과 전파에 주력했다. 서도소리 보유자로서 대동강물을 먹은 마지막 서도소리 명창이다. 평양출생 5음이 아닌 12음계 채록이란 새로운 기보법을 창안하였다.

김월하(1918 – 1996)는 피난 시절 현포로부터 시조를 익혔으며 임석윤님에게서 사설시조를, 소남 이주환님께 남녀창을 습득했다. 인영환님으로부터 우조지름시조를, 또한 홍원기님께 우조시조를, 이대우님께 사설시조와 사설지름시조를, 정운산님께 시창 '십이난간', '십재경영'을 배웠다. 열세분의 스승을 통해 가곡, 가사, 시조를 익혔다.

김경배 편, 『김월하 정가 전집』제 4 집 해설 15쪽.

25) 김경배 편, 『김월하 정가 전집』제 4 집 해설 66쪽.

  김월하의 정가 전집이 타계한 지 10년 후 2005년에 월하문화재단 이사장인 김경배에 의해 출반되었다. 제 4집에「관산융마」가 수록되어 있는데 이 김월하의「관산융마」는 서도 소리창인 오복녀[26]의 관산융마와는 다르다. 김월하의 관산융마는 "서도소리에 속하는 시창 관산융마의 정가의 재해석"이라고 보아야한다.[27]

  「관산융마」의 선율은 서도창에 가깝지만 창법은 가곡에 가깝다. 가곡의 계보와 연관시켜볼 수는 있는 이유도 될 수 있으나 기록의 불비로 그 추정이 어렵다. 연구 보완이 필요한 사항임을 전제로 기록에 의한 명창들을 시대별로 나열하면 다음과 같다. 현재는 김월하의 제자 김경배, 김영기, 변진심, 한자이, 오봉녀의 제자 김광숙 등을 들 수 있다.

```
… 모란 …      일지춘      … ? …      장학선→이창배→김월하
                                      김정연→
                                      오봉녀→

  영조 시대      정조시대
    1750년        1786년    1800년대   196,7,80년대
```

---

26) 위의 책, 70쪽. 서도소리의 오복녀 명창은 생전에 "관산융마 목자랑·숨자랑 노래" 라고 말한 것에서 알 수 있듯이 명창의 기량을 최대한 뽑낼 수 있는 노래 중의 하나였고, 서도 명창들이 널리 애창해왔던 곡이다.

27) 위의 책, 70쪽.

5. 「관산융마」의 선율

월하 선생의 시창 「십이난간」, 「십재경영」에서는 영산회상 중에서 「상영산」을 단소 독주로 사용하고 있는데 비해서, 「관산융마」에서는 장구장단 등을 사용하지 않는 점에서는 동일하지만, 단소로 노래 선율과 비슷한 가락을 연주하는 '수성가락'을 사용하고 있다.[28]

쭉 뻗어 나가는 속청과, 마음을 가라앉히는 듯한 단아한 평성은 시원스러우면서도 비장감을 자아낸다. 육성과 속청을 적절히 교차시켜 불러야 하기 때문에 많은 수련이 필요하다. 선율은 서도창에 가깝고 창법은 가곡, 가사, 시조창에 가깝다.

「관산융마」는 다른 시창과 마찬가지로 리듬의 규칙성을 찾기 어렵고 장구 반주를 사용하지 않는다. 속도는 ♩ = 35~40 정도로 느리고 구성음은 황·태·중·임·남으로 된 평조이고 탁임종-청임종에 이르는 2옥타브의 음역으로 구성되어 있다. 「십이난간」과 「십재경영」에서는 1옥타브 반 정도의 비교적 좁은 음역이 사용되었던 것에 비해 「관산융마」에서는 2옥타브로 넓혀져서 그만큼 음악적 표현력이 더 넓다.[29] 「관산융마」는 명창의 숨자랑 목자랑을 최대한 뽑낼 수 있는 곡이다.

본 텍스트 김월하의 창에서는 청중려 이상에서 속청이 나타나는데 이 속청은 1구를 부르는데 20회 정도가 나타나고 1구 70박 중에서 16-17박 정도가 나타난다. 청중려는 1박일 경우에는 요성으로

---

28) 위의 책, 70쪽.
29) 위의 책, 70쪽. 위에 표기한 구성음은 월하 명인의 시창을 채보한 김경배 교수의 『시조창법』(재단법인 월하 문화재단, 1998)에 표기된 음이고, 실제 월하 명인의 음반에서는 이보다 단 3도 높은 음역으로 노래하고 있다.

부르고 2박 이상을 끌 경우 2박은 뻗는 음 나머지 1박은 요성으로 부른다.

요성에는 뒤로 가면서 차츰 낮게 내려 떨거나 제음 높이를 유지하면서 굵게 흔들어 대는 두 가지 요성이 있다. 요성은 1구에 20회 정도 나타나고 이 중 뒤로 가면서 차츰 낮게 떠는 요성은 청임종에서 1회가 나타난다.

이 요성은 뻗는 음 다음에 나타나거나, 뻗지 않고 바로 나타나거나 하는 두 가지 경우가 있다. 뻗는 음 다음에 요성이 나타나는 경우는 2박은 뻗는 음 다음 1박은 요성이다. 바로 나타는 요성의 경우는 청중려에서 1박 정도가 나타난다.

시조의 경우에는 일반적으로 길게 뻗고 떠는 음이 나타나나 시창 「관산융마」는 길게 뻗고 흔드는 음과 떠는 음이 나타난다. 이 흔드는 음은 일정한 음으로 흔드는 경우이고 떠는 음은 음을 내리면서 떠는 소리이다.

시조에는 장식음들이 많지 않다. 그래서 자신의 감정을 드러나지 않고 아정하고 담백하게 부르는 것이 특징이다. 그러나 「관산융마」는 시조처럼 담백하지는 않지만 구성진 장식음들이 많아 선율이 다양하고 복잡하다. 그렇다고 감정을 밖으로 쉽게 드러내지도 않는다. 길게 뻗다가 장식음으로 조이고 꺾어 물 흐르듯 또 길게 빼기도 하고 흔들기도 해 처연함과 비장감이 돈다. 시조와는 달리 뻗는 음과 떠는 음이 장식음과 함께 적절히 조화되어 그런 느낌을 갖게 하는 것이다.

숨표는 7박, 14박에 나타난다. 말하자면 1구에 7박이 한 단락이 되고 70박이니 10단위가 된다. 집고가 없기 때문에 박자는 부르는 이에 따라 다소 가감될 수 있다. 월하의 「관산융마」는 1구를 부르는 데 2분 40초 정도 걸린다.

　곡 전체가 한 박에 두 세 개의 음정들이 장식음과 함께 교차되면서 길게 빼고 떨고 하는 형식으로 되어 있다. 이러한 서도 선율과 가곡 창법이 「관산융마」의 문학적 표현과 맞물려 애절함을 더해주고 있는 것이다.

6. 나가며

본고의 텍스트는 가곡풍 김월하의 「관산융마」이다. 「관산융마」에 대한 몇 가지 자료 검토, 이명칭, 계보 그리고 시조 선율과의 비교, 일반적인 시창 선율에 대한 논의가 전부이다. 산견된 자료들의 체계화와 기초 연구에 그 목적이 있기 때문이다.

「관산융마」에 대한 자료는 많이 남아있지 않다. 현전하는 자료는 석북의 시, 『문집』부록 보유(補遺)에 석북과 관련된 만사와 제문, 석북 아우 진택의 시, 이능화의 기록, 시조의 차운, 이가원 박사의 석북 서거 200주년 기념 강연 등이 있다. 이러한 자료는 당시의 「관산융마」의 애창과 인기도가 어떠했는지를 입증해주고 있다.

또한 「관산융마」는 영시·율시·시창·가사·잡가·서도창·남창·북창·예인창·문인창·부풍성 등 많은 이명칭들이 있다. 이명칭이 많다는 것은 많은 지역과 계층을 넘어 오랫동안 애창되어 왔음을 증명하는 것이기도 하다.

그러나 「관산융마」는 단편적인 기록만 있을 뿐 작곡자와 계보는 알 수 없다. 처음 작곡 당시의 18세기에는 명기 모란과 일지춘이 보일 뿐 19세기의 「관산융마」에 대한 기록은 보이지 않는다. 20세기에 이르러서 장학선, 이창배, 서도명창 김정연, 오복녀, 가곡의 명인 김월하 등의 명인이 보일 뿐이다. 이로보아 200년 동안 애창되고 사랑을 받아왔다고는 하나 대중적인 노래는 아니었던 것을 보인다. 그만큼 대중이 부르기에는 많은 수련이 필요하고 전문 가객이 아니면 부르기 어려운 창이었기 때문이 아닌가 생각된다.

「관산융마」는 다른 시창과 마찬가지로 리듬의 규칙성을 찾기 어렵고 장구 반주를 사용하지 않는다. 속도는 ♩ = 35~40 정도, 구성음은 황·태·중·임·남으로 된 평조이고 탁임종-청임종에 이르는 2옥타브의 음역으로 구성되어 있다.

길게 뻗다가 장식음으로 조이고 꺾어 물 흐르듯 또 길게 빼고 흔드는 형식으로 되어 있어 시원스러우면서도 비장감마저 자아낸다. 1구를 부르는데 70박이며 숨표는 7박, 14박에 나타난다. 1구에 7박이 한 단락이 되는 셈이다.

참고문헌

김월하, 『추강이 어룡냉』(월하문화재단, 신나라뮤직)

서한범, 『국악통론』(태림출판사, 1996)

신광수, 『석북시집』

심재원 편, 『교본역대시조전서』(세종문화사, 1972)

윤경수, 『석북시연구』(정법문화사, 1984)

이가원, 「숭문연방집」출판기념강연회(출판문화회관, 1975) 부록

이기현, 『석북신광수문학연구』(도서출판보고사, 1996)

이능화, 『조선해어화사』(동문선, 1992)

이양교, 『시조창보』(서울가악회, 1994)

이응백 외, 『국어국문학사전』(사전 연구사, 2002)

장사훈, 『국악대사전』(세광출판사, 1984)

조윤제, 『한국문학사』(탐구당, 1993)

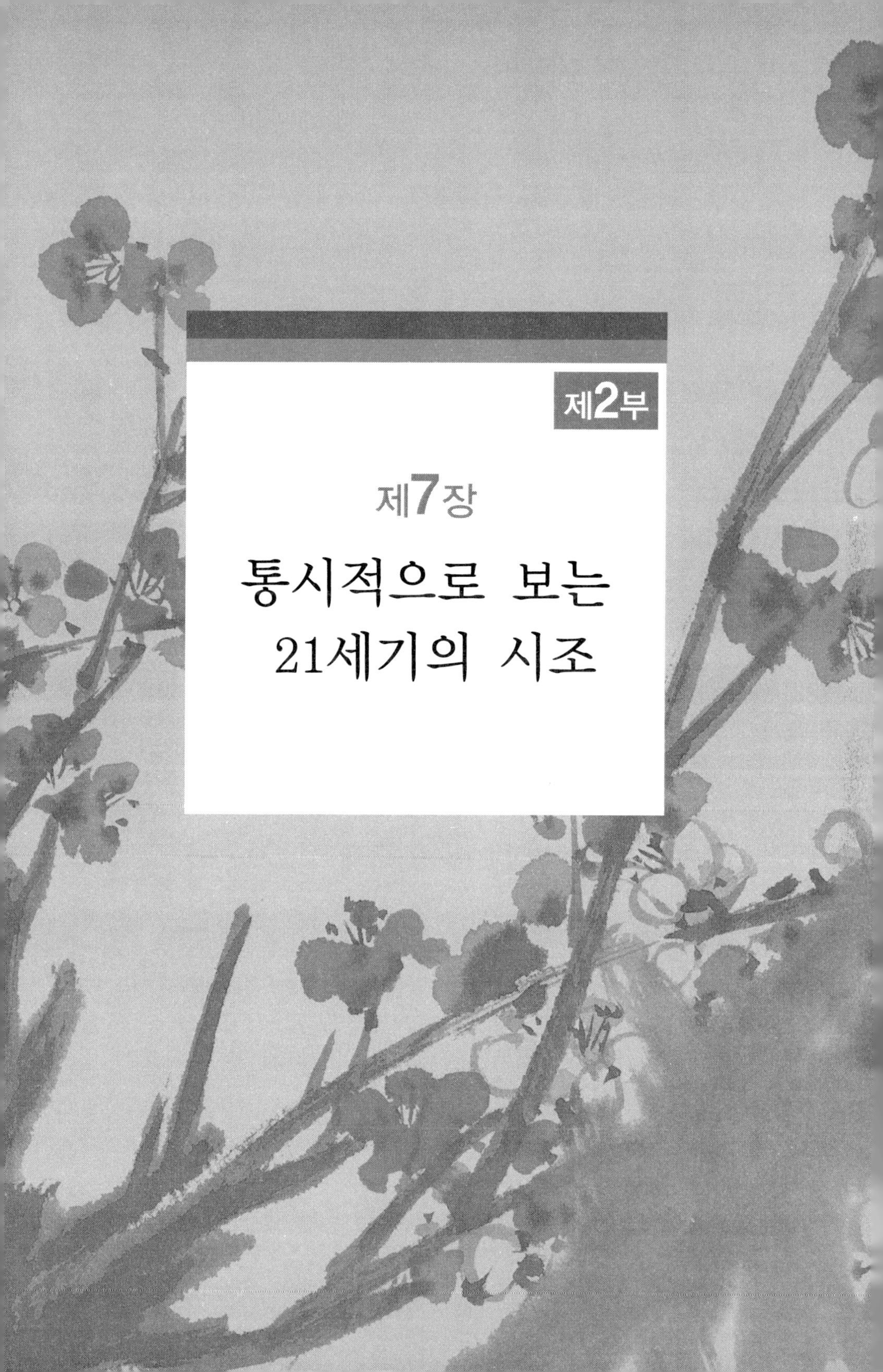

제2부
제7장
통시적으로 보는
21세기의 시조

제7장
통시적으로 보는 21세기의 시조

1. 들어가며

시조는 언제 생겼으며 시조의 뿌리는 무엇인가. 사람들은 여말에 지금의 3장 6구 12음보로 정제된 우리 고유의 시가 형식쯤으로 알고 있다. 그리고 음악과 문학인 혼합 장르쯤으로 인식하고 있다.

지금의 시조 명칭이 언제 생겼으며 시조 이전에는 어떤 명칭으로 불리워졌고 어떻게 불리워졌는가? 시조창은 어디에서 분화되었고 언제부터 시조창이 생겼는가에 대해 자세히 아는 이는 흔치 않다. 또한 음악과 문학의 혼합 장르였던 시조가 언제부터 음악 따로 문학 따로 분화되어갔는가도 이 시점에서 점검해 볼 필요가 있다.

2. 삼진작에서 시조까지

광해군 2년 1610년 양덕수가 엮은 『양금신보』에는 만·중·삭대엽이 고려가요인 진작[1]에서 나왔다고 기록되어 있다. 만·중·삭대엽은 현 정가인 가곡의 조종격이다. 또한 시조가 가곡에서 분화되었다고 본다면[2] 시조창의 연원은 가곡, 만·중·삭대엽을 거쳐 정과정곡 삼진작(1151년)까지 거슬러 올라갈 수 있다.

현 시조으로서의 시조 명칭은 18세기 신광수의 『관서악부』(1762년)에 처음 보이고[3] 악보로는 서유구(1764 − 1845)의 『유예지』와 이규경(1788 − ?)의 『구라철사금보』에 처음 보인다. 그 이전에는 시조라는 명칭 대신 시조가 가곡으로 불리워졌다. 가곡은 시조을 노랫말

---

1) 진작은 정과정곡의 딴 이름이다. 과정은 고려 인종·의종 때의 문인으로 정서의 호이다. 정서는 인종의 총애를 받다가 의종이 즉위하자 동래로 귀양 갔다가 다시 등용되었다. 귀양가 있는 동안 의종의 언약을 기다리다 못해 지어 부른 군신연주지사로 10구체의 노래이다. 『대악후보』 권 5에 진작의 이름으로 악보가 전하고 있다. 악보에 의하면 1,2,3에는 가사가 붙고 4에는 가사가 붙지 않는다고 했다. 대동운부군옥에는 진작의 일은 가장 느리고 이·삼·사로 진행하면서 가락이 빨라지는 특징을 가지고 있다.
    장사훈, 『국악대사전』(세광음악출판사, 1984), 658쪽.
    이 노래는 의종 5년 (1151년)에 지었다. 『한국사 연표』(다흘미디어, 2003), 196쪽.
2) 『삼죽금보』에는 시조가 5장으로 기보되어 있다. 지금도 가곡은 시조를 5장으로 부른다. 이를 들어 시조창이 가곡에서 분화되었다고도 말하는 이도 있다. 『시조예술』(문경출판사, 2007, 봄호), 9쪽.
3) 그 이전에도 시조라는 명칭이 있었다. 병와 75세(1727)경에 이형상·이복원 등 31명과 성책장정한 외제가 '시조'로 되어 있으나 그것은 한시문이지 지금의 시조는 아니다. 또한 가곡에는 낙시조로 우락·계락·언락·편락 등이 있는데 이는 낙시조의 준이름이다. 이도 지금의 시조와는 다른다.
    신웅순 『문학·음악상으로서의 시조 연구』(푸른 사상, 2006), 92,7쪽.

로 해서 5장으로 부르는 정가 음악이다.

표로 정리해 보면 다음과 같다.

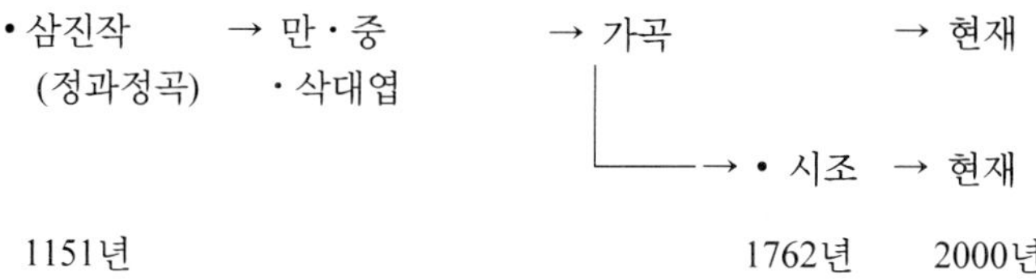

증명이 필요하겠지만 시조는 삼진작에서 만·중·삭대엽을 거쳐 가곡4)으로 가곡에서 다시 시조로 분화되어 온 셈이다. 시조는 이렇게 900여 년을 음악과 문학의 독특한 장르로 이어져 왔다.

시조는 근대 가요가 나오기 이전에는 주로 양반층들에 의해 시절가의 노래로 불리워졌다. 시조는 시절마다 부르는 가요 같은 우리의 대중 음악이었던 셈이다. 조선조 시조계의 최후를 장식한 이세보(1832－1895)는 창을 염두에 두고 시조를 창작했다. 대부분 그의 시조에는 종장 4음보가 생략되어 있다. 이는 창을 전제로 해서 창작되었음을 입증해주는 자료이다.

그리고 못 보는 임을 이져 무방ᄒ것마는
든 정이 병이 되어 ᄉ르느니 간쟝이라
엇지타 유독(有足)이 무독(無足) 갓치 샹ᄉ불견

개화기 시조 대구여사의 『혈죽가』(1906)에도 이러한 현상이 그대

---

4) 시조창은 3장으로 부르지만 가곡은 5장으로 부른다. 가곡과 시조는 가사와 함께 정가로 불리워지고 있다.

로 나타나고 있다.

협실의소슨듸는 츙정공혈젹이라
우로을불식ᄒ고방즁의풀은쁜슨
지금의위국충심을진각세계

개화기 시조에서도 인상적인 전달을 위해 의미 없는 서술부를 생략했거나 종장의 완결적 의미를 강조하기 위해 의식적인 작시를 했을 수도 있으나 끝음보를 부르지 않는 시조창 작법으로 작시를 한 것은 사실이다.5) 이렇게 시조는 애초부터 창을 전제로 하지 않고는 시조를 창작할 수 없게 되어 있다.

그렇다고 시조가 창만을 전제로 해서 창작된 것만은 아니다. 신광수와 같은 시대를 살았고 그의 친구이기도 했던 채재공의 '淸暉子詩稿序'6)에서 보면 시조가 창만을 일컫는 것이 아니라 창작을 일컫기도 했다는 점이다.

이 기록은 두 가지 점에서 논의의 가능성을 엿볼 수 있다. 시조의 명칭은 신광수나 채재공 이전부터 사용되고 있지 않았는가 하는 점이고 또 하나는 시조를 시로 인식했다는 점이다. 시조라는 명칭이

---

5) 김제현, 『시조문학론』(예전사, 1992), 215쪽.
6) '내 일찍이 약산옹을 찾아 뵈었더니 그 어른의 눈썹 사이에 즐거워하는 빛이 은은하게 서려 있었다. 미소 띤 어조로 내게 말씀하시를,' 오늘 선비를 얻었다네. 그의 성은 황씨이고 이름은 사술이라 하지. 얼굴은 옥 같고 두 눈동자는 가을 처럼 맑더군," 하면서 소매 속에서 시 몇 편을 꺼내시었다. "이것이 다 시조인데 그의 재주가 썩 뛰어나서 칭찬할 만 하다네. 내게 수업을 요청하므로 허락했지. 자네도 그 사람과 잘 사귀도록 하게." 하시었다.

시조창 이전에 사용했다면 그 시조는 지금의 시조창이 아닌 다른 시 형식을 시조라 불렀던 것일 수 있다.[7] 그 시라는 시조의 내용을 알 수는 없지만 시조를 시로 인식했다는 점에서 본다면 시조가 음악을 전제로 해서만이 창작되는 음악·문학만이 아닌 순수 문학으로서의 창작 가능성도 짐작해볼 수 있는 대목이기도 하다.

그러나 시조는 우리 민족과 함께 같이 있어왔고 음악을 떠나서는 논의하기 어렵다. 이미 시조창이 생기기 이전부터 시조를 노랫말로 해서 가곡으로 불리워졌고 그 이전에는 만·중·삭대엽으로 불리워졌다. 더구나 그 기원이 고려 중엽 삼기곡이라했던 점에서 보면 시조는 그 뿌리 자체가, 출발 자체가 음악이었음은 부인할 수 없는 사실이다.

3. 시조 부흥 운동 이후

창을 전제로 하거나 염두에 두고 작시하는 태도는 1920년대 시조 부흥 운동 이후 점차 사라져가기 시작했던 것으로 보인다. 시조를 하나의 문학 장르로 보기 시작한 것이다. 개화기에는 작시들이 대부분 창에서 벗어나지는 못했지만 시조 부흥 운동 이후에는 시조의 현대화라는 미명아래 시조는 음악에서 하나의 정형 문학으로 대체되

---

7) 시조라는 명칭은 석북 이전에도 나온다. 그러나 그러한 명칭은 지금의 시조창이 아니다. 김성기의 1779년의 『어은유보』의 '시조우조조음'의 명칭은 우락시조의 조음이 아닌가 생각되고 1727년의 이형상, 이복원 등 31명과 성채장정한 과시집의 외제 '시조'는 한시집이 아닌가 생각된다. 신웅순, 『문학·음악상에 있어서의 시조연구』(푸른 사상, 2006), 91 - 92쪽.

었고 이를 현대화시켜갔다.

당시 프로 문학의 세력 확장에 대한 대항으로 최남선과 이광수, 정인보를 중심으로 한 국민 문학론이 대두되었다. 이 국민 문학의 핵심이 시조 부흥 운동이다. 최남선, 이광수의 뒤를 이어 이병기, 조운 등 시조의 혁신을 주장하고 나섰고 현대 시조의 나아가야할 구체적인 방향을 제시했다. 과거와 같이 악곡의 창사로서 존재하는 시조가 아니라 우리의 언어적 특성과 민족적 리듬이 응결된 단시 형식으로서의 시조가 가지는 중요성과 부활의 당위성을 강조하고 나섰다. 비로소 시조는 세련된 감각과 현대적 감수성을 보이기 시작함으로써 명실상부한 지금의 현대시조로 발전한 것이다. 오늘날 고전문학의 여러 장르 중에서 유일하게 시조만이 살아남아 그 명맥을 이어져 온 것은 시조 부흥 운동 때문이라고 봐도 과언은 아니다.

이는 물론 문학적인 측면에서 보는 관점이다. 시조 부흥 운동이 없었다 해도 음악으로서의 시조는 사라지지는 않았을 것이다. 숙명적으로 시조는 음악이자 문학이기 때문이다. 그런 이유로 시조가 음악을 떠나 문학으로서만 존재해야하는 그 어떤 주장도 설득력을 갖기 어렵다. '장' 자체도 음악 용어일 뿐만 아니라 창 자체도 리듬에 배자되어 불리워지기 때문에 불가불 시조에 있어서 음악과 문학은 떨어질 수 없는 운명을 갖고 있다. 자수 배치에 따라 시조의 리듬에 다소 변화가 생기기도 하고 음보도 각에 맞게 구분이 되어 불리워지고 있다. 또한 한시 음영이라는 것이 있어 평시조를 각마다 어떻게 불러야하는 지를 한시로 풀어 명시해주고 있다. 이런 것들은 시조가 음악을 떠나서는, 시조가 문학을 떠나서는 존재할 수 없음을 입증해주고 있는 것들이다.

필자는 시조 부흥 운동이 시조의 현대화하는 데에는 성공했을지 모르지만 그로 인해 시조가 오히려 시조창과 멀어지게 된 계기가 되지 않았는가 진단해보는 것이다. 언급한 바와 같이 시조의 뿌리는 음악·문학이 하나이지 음악 따로 문학 따로가 아니기 때문이다.

이러한 현대 시조 부흥 운동에도 불구하고 현대 시조에 시조창의 가락을 붙여 부른 시조들이 있다. 그러나 대중화 되지 못하고 하나의 시도로 그치고 말았다. 석암제의 『주해부 선율선 가악보』(1964)에는 장면 박사의 시조라든가, 정경태의 시조들이 가악보에 올라와 있으며 석암제의 『주해증보 선율선 시조보』(1970)에는 이은상의 시조도 악보에 기보되어 있다.

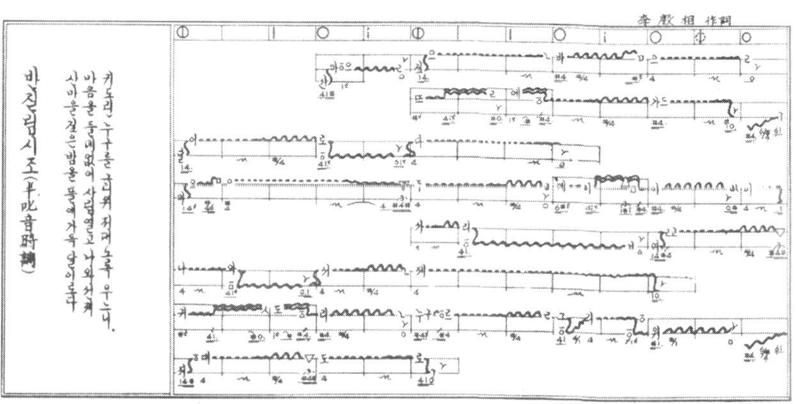

이렇게 시조 부흥 운동 이후에도 일부 현대 시조들이 기보되어 불리워지고 있는 것이 사실이지만 대중화 되지는 못했다. 또한 기보되지 않은 채 창작과 창을 동시에 하는 가객들도 있었을 것으로 보이나 이도 대중화하는 데에는 이르지 못했다. 다만 고시조만이 시조창에 실려 전공자들이나 노인들층에 의해 불리워지고 있는 것을 보면 시조 문학만이 현대화되어 창작되고 있을 뿐 시조 음악은 더 이상 현대화되지 못한 채 과거의 유산으로 남아 고시조창만을 되풀이 하고 있다.

시조의 현대화 이후 시조 문학은 음악으로부터 급속하게 탈각되기 시작했다. 작금에 이르러 음악과 문학인 독특한 고유 예술인 시조 장르가 문학으로만 존재하는 문학 장르, 음악으로만 존재하는 음악 장르가 되어버렸다. 문학으로의 시조는 자유시의 대가 되는 정형시로, 음악으로서의 시조는 속가와 대가 되는 정가 음악으로 존재하게 된 것이다.

지금에 이르러 문학상에 있어서의 시조는 단시조가 시조의 원형임에도 연시조가 단시조보다 더 많이 창작되고 있음을 볼 수 있다. 연시조가 현대 시조의 주인 행세를 하게 된 것이다. 대략 연시조가 70% 단시조가 30% 정도 사설시조는 극소수만이 창작되고 있는 실정이다. 단시조 조차도 시조창과 결합되지 못하고 있으며 더구나 연시조는 그 중 단수 하나를 떼어내지 않는 한 시조창으로도 부를 수가 없다. 이러한 연시조로의 편중은 결국 음악·문학으로서의 시조가 시조 음악과 시조 문학으로 이분되어 떨어져 나가게한 분수령이 되고 만 셈이다.

그러나 현대에 이르러서도 현대 시조를 고시조 창법이기는 하나 더러 평시조나 지름시조 등의 선율에 얹혀 부르기도 하는 것을 볼 수 있다. 이것은 시조가 유산으로 남아 있다기보다는 시조의 뿌리가 무엇이어야하는가를 보여주고 있는 하나의 실례라고 볼 수 있다. 이는 시조가 음악 따로 문학 따로 존재할 수 없는 우리만의 독특한 장르임을 증명해주는 것이기도 하다.

4. 21세기의 시조

21세기의 시조는 무엇이어야 하는가. 2006년의 『시조예술』잡지는 이에 대한 논의의 첫출발이 아닌가 생각된다. 다소 늦기는 하였지만 시조의 본래의 모습을 현대적으로 되찾고자하는 의미있는 첫 시도로 평가되고 있다. 이 잡지는 문학 뿐만이 아닌 창과 함께 꾸며져 있어 시조의 전반적인 모습을 조감해 볼 수 있다.

『시조예술』2호 권두 에세이 「변하는 것과 변하지 않는 것」에서 21세기 시조의 나아가야할 방향을 제시해주고 있다. 그것으로 본고의 물음에 가름할 수 있을 것 같아 전문을 전재한다.

세상엔 변하지 않는 것과 변하는 것들이 있다. 부모한테 효도해야 한다든지 친구 간에 신의가 있어야한다든지 그런 것들은 변하지 않는 것들이다. 그러나 서양과 동양, 옛날과 현대가 서로 다르듯 어떻게 효도해야하고 어떻게 신의를 지켜야하는 가는 장소와 시대에 따라서 변하기 마련이다. 변하지 말아야할 것이 변한다면 그 뿌리가 없어질 것이요 변해야할 것이 변하지 않는다면 시대의 낙오자가 될 것이다.

시조에도 변하지 않는 것이 있고 변해야하는 것이 있다. 변하지 않는 것은 3장 6구 12음보요 이것이 노래로 불리워져야한다는 점이다. 이것이 변한다면 그것은 이미 시조가 아니다. 시조를 반드시 3장으로 짓고 불러야한다는 점은 변할 수가 없는 것이다. 불리워지지 않는 현대 시조는 반만 시조일 뿐, 현대 시조가 아닌 옛시조만 부른다면 한낱 유산에 지나지 않을 것이다. 부르기 위해 3장 6구 12음보가 생겼는데도 지금도 많은 시조들이 지어지고 있는데 현대 시조를 부르지 않고 자유시의 대가 되는 정형의 문학으로만 창작되고 있다. 그러면 고시조만을 불러 과거의 유산으로 보존해야 할 것인가.

『삼죽 금보』에는 시조 악보가 5장으로 되어있다. 지금도 가곡은 시조를 5장으로 부른다. 이를 들어 시조창이 가곡에서 분화되었다고도 말하는 이도 있다. 시조는 수백 년 동안 지금의 가곡으로 불리워져 왔고 19세기에 와서는 가곡과 함께 시조창으로 불리워져 왔다. 이렇게 시조는 가곡이나 시조처럼 불리워져야하는 것이지 문학 자체로만 향유되어야 하는 것은 아니다. 그래서 시조를 시절가라 했지 않은가. 그러나 20세기 와서 수백 년 동안 지어지고 불리워져 왔던 시조가 문학은 문학대로 음악은 음악대로 서로 다른 장르로 정착되어 갔다.

부르기 위해서는 문학이 필요하다. 물론 문학 자체로서도 향유할 수 있다. 그러나 궁극적으로 시조는 3장으로 불리워져야 한다. 이것이 시조의 뿌리이며 근원이다. 한국시조예술연구회에서 시조창을 부르는 운동을 벌이는 이유가 거기에 있다. 혹자는 그러면 시조를 그 옛날로 돌아가잔 말이냐? 라고 반문하는 이도 있다. 지금 현대 시조도 충분히 노래 부를 수 있는데, 왜 노래를 부르는 것이 옛날로 돌아가자는 말인가? 옛 선인들은 심신을 정히 하기 위해 시조를 인격 수양의 수단으로 불렀다. 선인들은 시조를 통해서 음악과 문학 치료를 동시에 해 온 것이다.

우리는 남들이 수백 년 동안 걸렸던 산업 혁명을 몇십 년에 해치웠고 수백 년 걸렸던 민주주의도 단 몇십 년에 해치워 버렸다. 그로 인해 전통의 단절이라는 커다란 아픔을 겪어야했고 지금도 심한 몸살을 앓고 있다. 그 와중에 시조도 그런 아픔을 겪고 있다. 이제는 뿌리를 찾아 현대적인 복원을 서둘러야한다. 이대로 가다간 전통의 단절을 가져와 계층간, 세대간의 심한 단층으로 영원히 회복될 수 없는 지경에 이를 지 아무도 예측할 수 없다. 문화가 사라지면, 전통이 사라지면

민족 또한 사라지기 마련이다. 왜 일본 사람들이 과거에 우리의 문화 침탈을 스스럼없이 자행해왔는지 우리는 생각해보아야 한다. 왜 일본 사람들이 단가를 중히 여기고 프랑스 사람들이 모국어를 유난히도 사랑하는지 우리는 한 번 반성해보아야 한다.

많은 외국인들이 모인 자리에서 시조 한 수 낭독해본들 그들은 하나의 정형시쯤으로 치부해버릴 것이다. 시조를 현대 가곡으로 불러본들 이태리 칸소네에 어찌 비할 수 있을 것인가. 이럴 때 한복에 양반 가부좌를 틀고 시조창 한 수를 부른다면 외국 사람들은 저것이 무슨 소리인가 하고 눈이 휘둥그레질 것이다. 세상에 남들에게 없는 것을 우리가 갖고 있는데도 이를 폄하하거나 버린다는 것은 참으로 가슴 아픈 일이다. 손가락과 발가락 하나가 잘려나간다면 우리는 더 이상 회복할 수 없는, 발가락 손가락 없는 채로 살아가야한다.

그러면 어떻게 변화해야할 할 것인가. 그러나 이미 우리는 변해버렸다. 단시조가 연시조로 탈각되면서 시조가 문학으로 탈각되었고 창이 없는 현대 시조의 모습으로 바뀌어져버렸다. 이미 창을 잃어버리고만 것이다. 이제라도 단시조만이라도 복원시켜 창과 결합시켜야한다. 단절될 뻔 했던 우리 전봉들, 판소리, 한의, 한복들이 서서이 복원되어 가지 않는가.8)

---

8) 신웅순, "변하는 것과 변하지 않는 것", 『시조예술』2호(2007.3), 8-10 쪽.

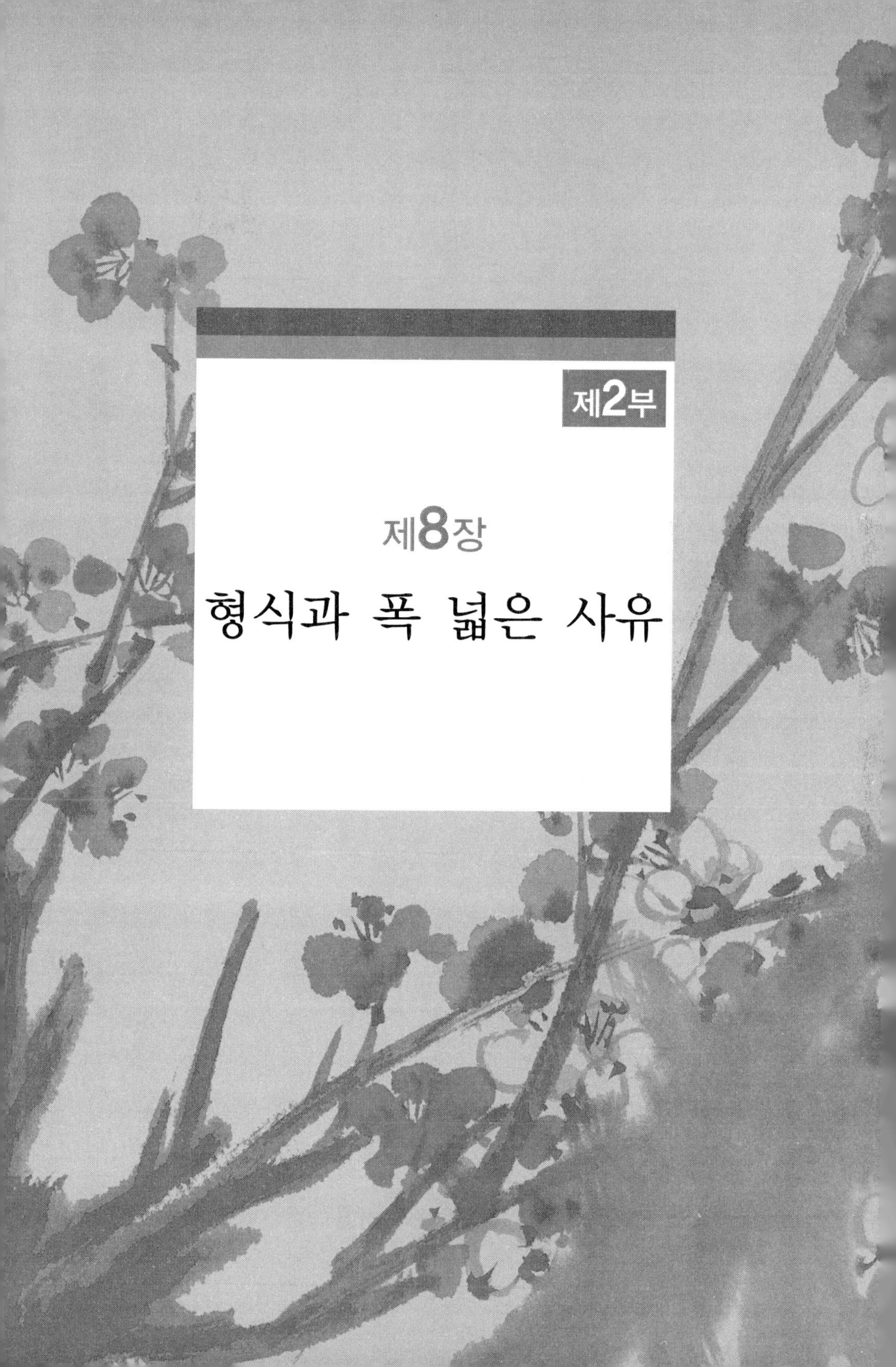

제2부
제8장
형식과 폭 넓은 사유

제8장

형식과 폭 넓은 사유

시조는 3장 6구 12음보가 형식이다. 이것이 단시조이며 평시조이기도 하다. 장시조는 3장만 공유했을 뿐 6구 12음보가 벗어나있다. 그래도 선조들은 3장만이라도 갖춘 장시조를 시조로 인정했다. 이를 사설시조로 불렀다. 현대의 연시조는 어떤 평시조나 지름시조, 사설시조로도 부를 수 없다. 그래도 우리는 연이은 단시조, 연시조를 시조로 인정했다. 노래로 부를 수 없는 시조, 문학으로서의 시조가 탄생한 것이다. 이로서 시조는 명실공히 현대 문학의 한 분야로 독립할 수 있었다.

그런데 문학이며 음악이어야하는 시조가 이로 인해 현대 문학에 있어서는 하나의 굴레가 되어버렸다. '왜 시조인가'라는 화두가 나올 수밖에 없는 이유를 현대 시조가 현대시조에게 제공한 것이다. 형식에서 벗어나면 자유시에 가깝고 형식에 얽매이면 음악을 떠날 수 없기 때문이다. 어찌보면 문학에 있어서의 시조는 이것도 저것도 아닌 계륵 같은 존재인지 모른다. 아니다. 시조는 그런 존재가 아니다. 문학과 음악 양쪽을 다 같이 갖고 태어난 독특한 우리 문화의 고유 양식이다. 시조는 태생이 그런 존재이다.

시와 시조는 형식에서는 3장 6구 12음보에서, 이미지에서는 사유의 폭에서 차별화될 수 있다. 시조는 시에 비해 사유 폭이 넓어야 한다. 그래야 12음보로도 명품 한옥 한 채를 지을 수 있다. 그런데 시는 사유의 폭을 넓힐 수도 좁힐 수도 있다. 적은 음보로 한옥을 짓던 많은 음보로 아파트를 짓던 그건 상관이 없다. 시조와 시가 다른 것이 그것이다. '왜 시조인가'의 물음은 여기에서 찾을 수 있을 것이다.

시조는 역사이다. 고시조가 그렇다. 12개의 낱말로 역사를 말해주고 있다. 시조는 그렇게 많은 사유를 할 수 있어야한다. '3장 형식과 폭 넓은 사유', 이것이 '왜 시조인가'에 대한 필자의 단견이다.

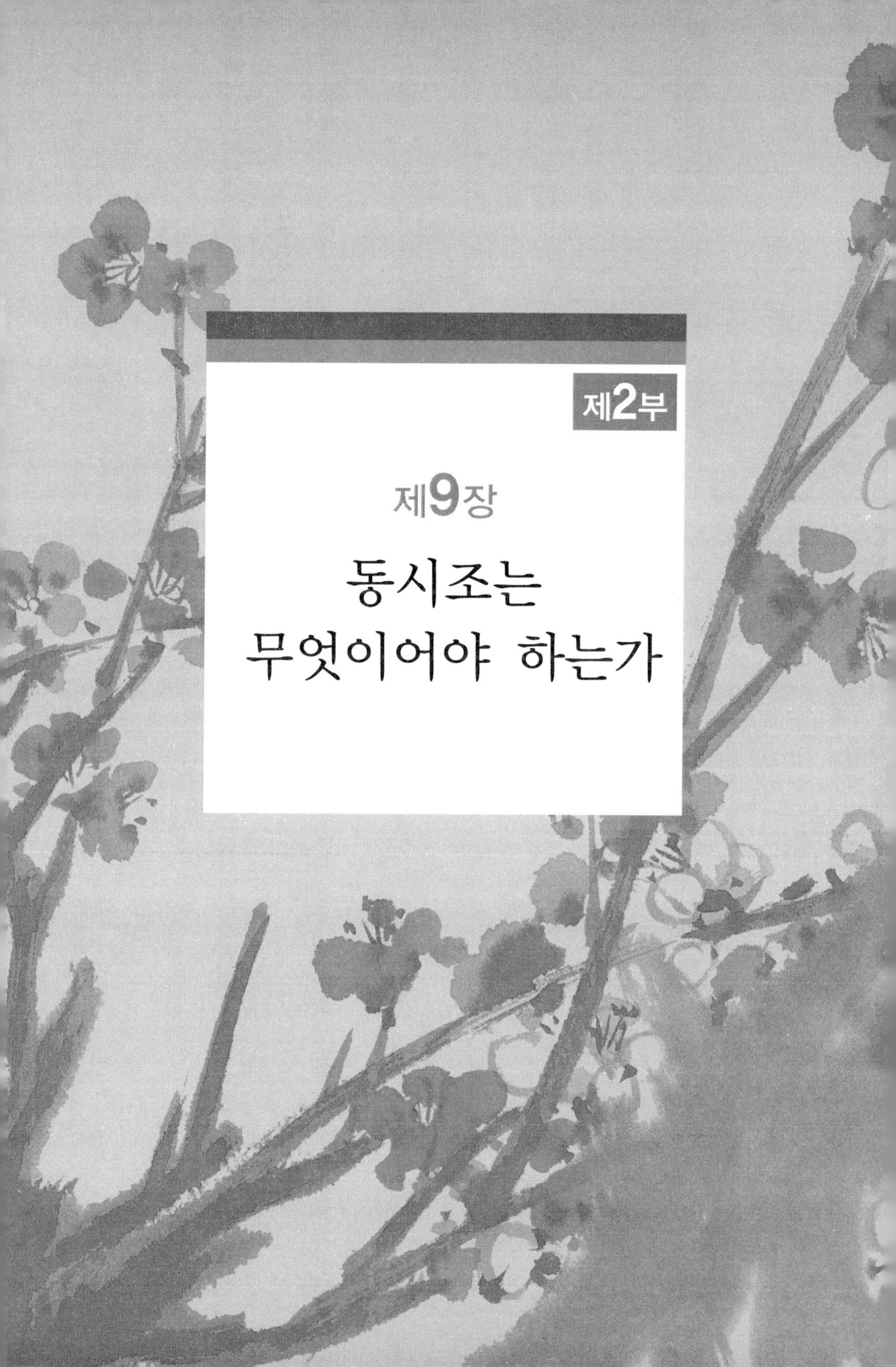

제2부

제9장

동시조는
무엇이어야 하는가

제9장
동시조는 무엇이어야 하는가

시, 소설, 희곡, 수필 하지, 시, 시조, 소설, 희곡, 수필이라고 말하지 않는다. 시조가 시의 하위 개념으로 인식되고 있기 때문이다. 개화기만해도 한시는 있었으나 시조면 시조였지 시는 없었다.

700여 년을 이어온 우리의 시, 시조가 왜 작금에 와 시의 뒷전에서 푸대접을 받고 있는가. 일제의 우리 문화 침탈로 사라져간 우리 고유 문화들이 복원되고 가고 있음에도 시조는 아직도 걸음마 단계를 벗어나지 못하고 있는가. 필자는 이를 교육 부재와 이론 부재로 진단한 적이 있었다.

초·중·고등학교 국정 교과서에 시조를 많이 실어달라고 데모라도 해야 할 것인가. 그 동안 우리는 시조가 왜 그렇게 되었는지 이를 분석, 당위성의 논리를 개발해내지 못했다. 입증할 수 있는 이론도 없이 주장만 한다면 시조만 중요한 것이냐고 자칫 타장르의 웃음거리가 될 수도 있다. 왜 중요한가를 설명해줄 수 있어야한다. 슬픈 일이지만 이런 이유를 설득력있게 설명해줄 수 있는 시조 시인들이 전무한 것이 작금의 현실이다.

시와 소설에 대한 창작과 이론은 많아도 시조의 창작과 이론은 턱없이 부족한 것은 또 무엇으로 설명할 수 있을 것인가? 시조는 꼼꼼하게 그리고 미리미리 설명을 준비해 두었어야했다.

필자가 주목하고 싶은 것은 동시조이다. 그 동안 사람들은 어른의 시조에만 관심이 있었지 동시조에 대해선 무관심했던 것이 사실이다. 못자리가 튼실해야 벼알이 튼실해진다. 이것은 상식 중의 상식이다. 어린이들의 시조 백일장 상은 있어도, 어른들의 시조에 대한 창작상은 있어도, 정작 어른들이 쓴 동시조에 대한 창작상은 없다. 어른들을 위한 시조 창작상이 중요하다면 좋은 동시조 창작을 고취시키기 위한 어른들의 동시조 창작상은 더더욱 중요하다.

어린이 문학은 차세대 문학이다. 모판이 직접 수확으로 이어지는 것은 자명한 일이다. 초등학교 시조 교육은 소름이 끼칠 정도로 중요하다. 동시를 가르치는 교사는 많아도 동시조를 가르치는 교사는 없다. 일선 교사들이 시조에 대해 잘 모르고 있으니 동시조를 가르치기 어려운 것은 당연하다. 이런 악순환은 계속되고 있다. 몇몇 뜻있는 시조 시인만이 방과 후 학교 일선에서 고군분투하고 있을 뿐이다. 이미 여기에서 결정이 나버렸다. 100여 년 동안 시조를 이렇게까지 방치해두었다고 생각해보라. 작금의 혹독한 대가는 당연히 어쩌면 영원히 치를 수 밖에 없을지도 모른다. 이는 책임 이전의 문제이기도하지만 여기, 지금 우리 모두에게 물어야 할 총체적인 책임이기도 하다.

동시조는 무엇이어야 하는가?

그 옛날 서당에서 '하늘 천 따지, 가물 현, 누를 황' 하면서 리듬과 뜻을 자연스럽게 익혀 한시를 창작했듯 시조도 초등학교 때부터 시조의 리듬을 자연스럽게 익혀 창작에 이를 수 있게 해야한다. 그 동안 우리는 시조를 모르는 교사들에게 시조를 가르칠 수 있는 이론서 하나 시조인들은 제대로 만들어내지 못했다. 이것은 우리가 시조에 대해 잘 아는 것이 아니라 시조에 대한 우리들의 무지와 치부를 그대로 드러내준 것에 다름 아니다. 이에 대해 시조인들은 할 말이 없다. 시조 학자들의 꾸준한 이론 개발과 시조 시인들의 양질의 시조 창작을 미리 준비해두지 못했던 것이 오늘을 이렇게 만든 것이다.

시조가 중요하다고 말은 하면서 실제로 누구나 가르칠 수 있는 제대로 된 동시조 이론서 하나 개발하지 못했고 양질의 동시조 하나 창작하지 못했다면, 이것은 시조가 중요하다고만 외쳤지 실제로 시조를 방치해 둔 것이나 다름이 없다. 공급도 없고 수요도 없는, 오늘날의 시조 시장을 만든 것은 이렇게 필연일 수밖에 없다. 책임을 전적으로 우리, 바로 시조인늘에게 순열하게 물어야한다.

동시조가 중요한 이유기 여기에 있다.

그러나 시조 시인들의 양질의 동시조 창작, 어린이들의 실질적인 시조 창작 교육, 양질의 이론서 개발. 이 세발의 싸이클이 순환될 수 있다면 동시조의 미래는 충분히 희망적일 수 있다. 이러한 조짐들이 광주, 대전, 울산 등지에서 한국 동시조, 대전 동시조, 시조 월드, 각 시조잡지, 온라인 상에서의 시조 교육 등 조금씩 보이고 있는 것은 이러한 맥락과 같이 하고 있다. 여기에 어린이들이 시조창과 함께 할 수만 있다면 이것이 진정한 현대적 시조의 정체성 복원이 아닐까 생각해보는 것이다.

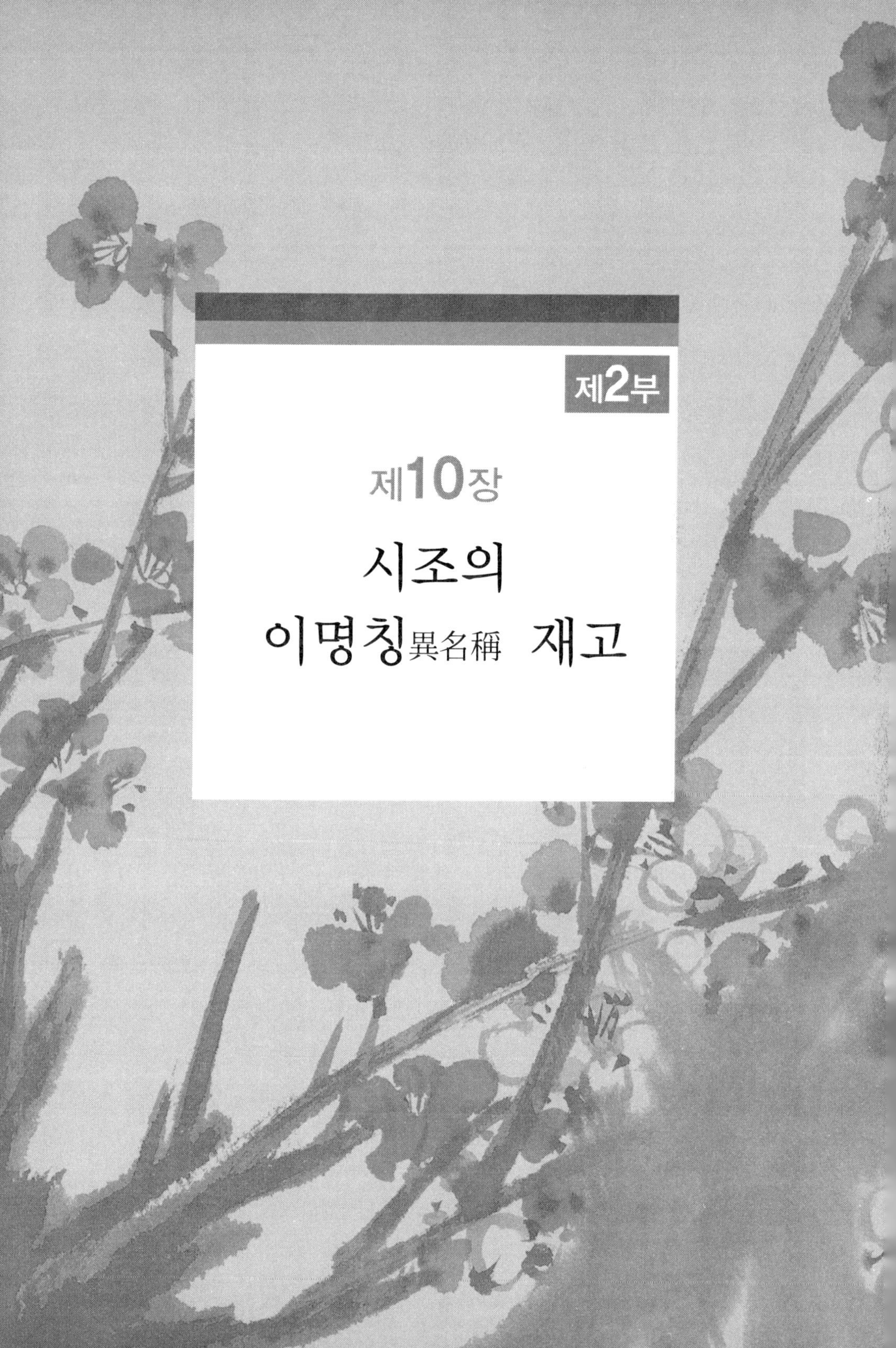

제2부
제10장
시조의
이명칭異名稱 재고

제10장
시조의
이명칭異名稱 재고

필자가 시조창의 종류를 분석해 본 적이 있다. 시조창만 해도 同時調의 異表音와 同時調의 異名稱, 文人唱 모두를 포함해서 산정해 보았더니 무려 67가지나 되었다.[1] 이는 같은 시조를 서로 다른 이름으로 무분별하게 불렀다는 증거에 다름 아니다.

문학적 분류의 시조 종류만해도 그렇다. 단시조(단형시조)를 평시조로, 중시조(중형시조)를 엇시조로 부른는가 하면 장시조(장형시조)를 사설시조라 부르는 이가 있다. 문제점이 없는 것은 아니나 적어도 사용처에 맞는 용어를 선택해서 불러야한다. 단시조는 평시조, 중허리시조, 우조시조, 지름시조 등으로 불리워진다. 그런데 단시조를 평시조라고 아무런 생각이 없이 쓰고 있는 이들이 적지 않다. 단시조가 평시조라는 등식이 어렸을 때부터 입력되어 별 생각없이 부르고 있기 때문이다. 생각을 걸르면 될 것을 습관적으로 사용하고

---

1) 신웅순, 『문학·음악상에 있어서의 시조연구』(푸른 사상, 2006), 123쪽.

있는 것은 유감스러운 일이다. 지성인인 시조 시인들이 그런 우를 범하는 경우를 볼 수 있다. 시조창을 하는 분들은 단시조가 여러 시조창으로 불리워지고 있다는 사실을 다 알고 있다.

원래 단시조라는 명칭은 없었다. 이 단시조는 최근에 붙여진 문학적인 명칭으로 음악적인 명칭인 평시조와 구분하기 위해서 불렀다. 시조창에서는 『삼죽금보』에 소이시조(지름시조)가 생겨나면서 소이시조와 구별하기 위해서 이후 시조를 평시조라고 불렀다. 평시조, 지름시조 둘 다 단시조임에도 문학적인 명칭인 단시조를 지금까지 음악적인 명칭인 평시조로 부르고 있다는 것은 아이러니컬하다.

시조 시인들이 어른들이 쓰는 시조와 구분하기 위해 어린이 시조를 '동시조'라 부르고 있다. 이것은 문학상의 명칭으로 어른들이 쓰는 자유시가 있고 어린들이 쓰는 동시조가 있어서 시조도 그렇게 '동'자를 붙인 것으로 생각된다.

여기에 토를 달고 싶은 생각은 없다. 동시조 작가 중에 엇동시조, 사설 동시조라고 부르는 이가 있다. 시조를 평시조, 엇시조, 사설시조로 나누어진다는 생각에서 그렇게 붙인 것으로 생각된다. 그러면 평동시조라 불러야 마땅하다. 그런데 어린이 단시조를 사람들은 일반적으로 동시조라고 부르고 있다. 이 동시조는 '어린이 시조'보다는 좀더 일반화 되어 별 탈없이 쓰이고 있다.

동시조를 창으로 부르는 일은 거의 없어 동시조를 평시조라 부르는 이는 별로 없는 것 같다.

1970년 판 석암 정경태의 『시조보』목차 왼쪽 상단에 다음과 같은 시조 악보에 대한 언급이 있다.

청소년 학생에게 보급코자 템프 짧은 편시조(공박을 뺀 3점 3박, 5점 5박) 4곡을 소개하여 어린이도 차차 흥미를 얻어 동요처럼 부르도록 한 것[2]

그리고 끝 해설 편시조의 '한산섬…' 편사설시조의 '죽장망혜…', 편지름녀창 '기러기 산이로…' '태산이 높다하되…'를 소개하고 있다.

당시 석암 정경태 선생님께서도 시조도 어린이들이 불러야한다는 당위성을 인식하고 있었던 것 같다. 그러나 어린이가 부르는 편시조의 내용이 어른들의 시조 내용들로 되어 있어 어린이들이 부르기에는 정서가 맞지 않다. 어린이들이 불러야한다고 했다면 당연히 동시조를 편시조로 편보했어야 마땅했다. 어린이들은 동시조로 된 시조창은 한번도 불러본 적이 없다는 이야기가 된다.

동시조를 평동시조, 엇동시조, 사설동시조의 용어 선택은 음악상의 용어도 문학상의 용어로 쓰기에는 이론적으로 논리적으로도 적합하지 않다. 이미 동시조의 중시조·장시조가 존재하고 있다면 이를 어떤 용어로 부르는 것이 적당할 것인가는 연구해 보아야할 문제이다. 논리적으로 생각해본다면 단동시조, 중동시조, 장동시조로 불러야한다. 그러나 아무리 논리적이라 하더라도 대중들에게 거부감이 없이 사용되어 일반화 될 때까지 기다려야한다. 용어의 사용은 장시간이 필요하고 또한 일반 사람들의 동의도 필요하다. 시조로는 단시조, 중시조, 장시조가 있듯 낯선 감이 있지만 동시조를 굳이 구분해야한다면 단동시조, 중동시조, 장동시조로 분류하면 어떨까 하

---

2) 정경태, 『증보주해선울선 시조보』(우신문화사, 1970).

는 것이 필자의 생각이다.

어떤 학문이건 용어 선택은 신중하게 다루어져야한다. 용어 선택의 잘못은 논리 전개에 큰 영향을 미치기 때문이다.

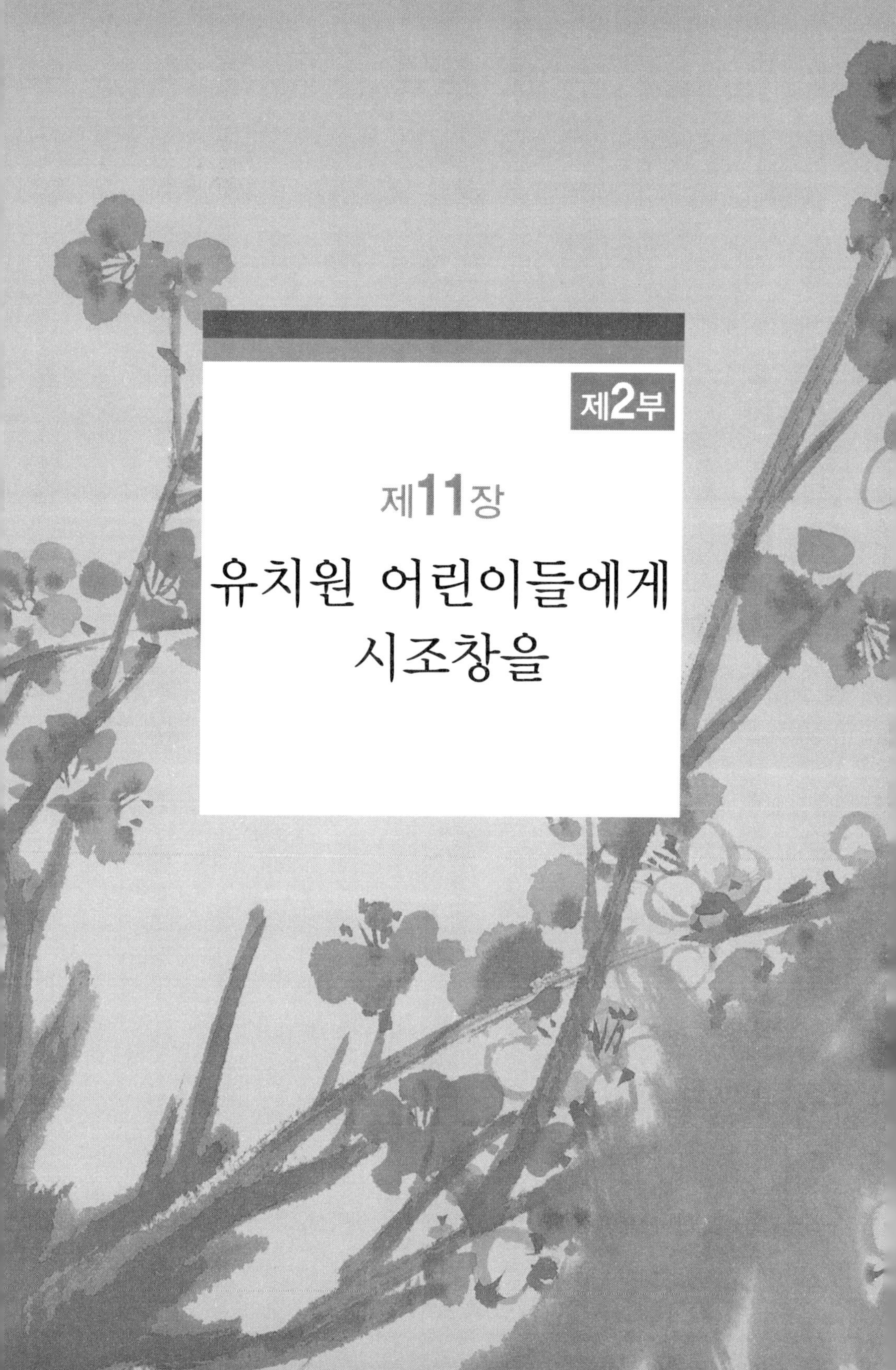

제11장

유치원 어린이들에게 시조창을

제11장
유치원 어린이들에게 시조창을

1. 들어가며

정가란 선비들의 음악인 가곡·가사·시조창을 말한다. 가곡·가사는 부르기가 어려워 전문 가객이 아니면 접근하기 어려운 곡이지만 시조창은 전문가가 아니라도 누구나 부를 수 있는 대중적인 곡이다.

시조는 수 백년 동안 선비들, 양반들이 자신의 정신 수양을 위해 불렀던 노래이다. 어른들이 불렀던 그런 노래가 유치원 어린이의 정서 순화에 유용한 기재가 될 수 있을까?

이에 대한 구체적인 사례와 연구 보고는 없다. 필자가 아는 명창 한 분이 어린이를 지도했더니 평소에 말도 잘 듣지 않던 그 아이가 예의가 발라지고 행동에 변화가 많이 일어났다는 것이다.

필자는 그 아이의 평시조를 들어본 적이 있었다. 엄마가 설거지 하면서 부르는 것을 따라 불렀다는데 그 아이는 음정 하나 틀리지 않고 평시조를 완창했다. 시조창은 가락 그 자체가 느리고 유려하고 젊잖다. 시조창은 마음을 조요로이 가다듬어 부르지 않으면 제맛을 낼 수 없다. 그런데 그 아이는 그것을 편안하게 잘 소화해냈다.

이렇게 시조가 아이들의 정서 교육에 도움이 될 수 있다면 그러한 교육에 알맞는 시조 모형도 충분히 개발해 낼 수 있다. 물론 아이들의 행동에 긍정적인 변화를 일으킬 수 있는 교육 프로그램이어야 함은 당연하다.

시조창 교육이 아이들의 정서 함양에 유용하다면 교육의 주체인 유치원 교사들이 먼저 시조창을 배워야한다. 누구나 평시조 정도는 1, 2개월 정도면 배울 수 있다. 가객의 차원에서야 많은 공력을 들여야겠지만 교육의 차원에서는 어느 정도 교사 교육만으로 어린이들을 가르칠 수 있다. 교육 기기를 이용한 CD같은 시조창 교재를 십분 활용할 수도 있다. 그러나 정작 그들이 시조창의 필요성을 인정하면서도, 교사들이 배우고 싶어도 배울 수 있는 기회를 찾기가 어렵다는 것이다. 또한 교육기기도 어디에 있는지 찾아보기 힘들다는 것이다. 그에 맞는 시조창 교육 교재도 찾기 힘들다는 것이다. 현장의 막연한 수요와 공급의 부재 때문일 것이다.

아직은 이에 알맞는 시조창 교재는 흔치 않으나 유치원, 아이들의 교육에 맞는 프로그램 개발은 수요만 있으면 얼마든지 생산해 낼 수 있다. 이러한 시조 교육 프로그램 중의 하나인 CD 교재만으로도 일단의 시조창 교육은 가능하다. 시조창을 들려주는 것만으로도 아이들의 정서 교육의 성과를 어느 정도 기대할 수 있기 때문이다.

문제는 또 있다. 현 시조창 대부분이 고시조가 주류를 이루고 있어 내용면에서 아이들의 현대 정서에 맞는가하는 문제는 고민해 볼 필요가 있다. 밤낮으로 TV나 인터넷 미디어에 노출되어 있고 빠른 가락이 몸에 배어 있어 같은 정서를 길게 유지하기 어려운 아이들이 구태의연하고 느린 시조창을 어떻게 받아들일 수 있을까 하는 것은 미지수이다. 그렇다고 현재의 빠른 가락에 맞는 시조창을 개발하여 교육한다는 것도 본질에서 어긋나 어려운 일이다. 시조창 본래의 정신 수양과 정서교육이라는 의미에서 부합되지 않기 때문이다.

먼저 평시조를 아이들에게 가르쳐보는 일이다. 현 단계에서는 가르치면서 일어나는 아이들의 행동 변화를 꼼꼼히 관찰하고 기록하는 것이 필요하다. 아이들의 행동 변화는 어른들처럼 그렇게 긴 시간을 요하지 않고 바로 행동으로 나타나기 때문에 비교적 단기간 내에 예측된 결과를 얻어낼 수 있다. 물론 긴 안목에서의 지속적인 시조창 교육이 아이들에게 어떤 거시적 변화를 가져올 것인가 하는 것은 미래에 있어 매우 중요한 과제이다.

또한 중요한 것은 주제의 선택이다. 유치원 아이들인 만큼 언제나 재미와 교육을 염두에 두지 않으면 안된다. 창이 재미면이라면 내용은 교육면에 속할 것이다. 칭과 내용이라는 두 마리의 토끼를 동시에 잡을 수 있어야한다.

시조창은 초장 5·8·8·5·8, 중장 5·8·8·5·8, 종장 5·8·5·8박으로 되어 있다. 이를 어린이 청소년 호흡에 맞게 초장 3·5·5·3·5, 중장 3·5·5·3·5, 종장 3·5·3·5의 짧은 박으로 변형하여 교육하는 방법도 생각해 볼 수 있다. 이는 석암 정경태 시조보에도 소개되어 있어 어린이 청소년을 위해 시도해보는 것도 괜찮을 듯싶다.

다음은 편시조와 편사설시조 악보이다.

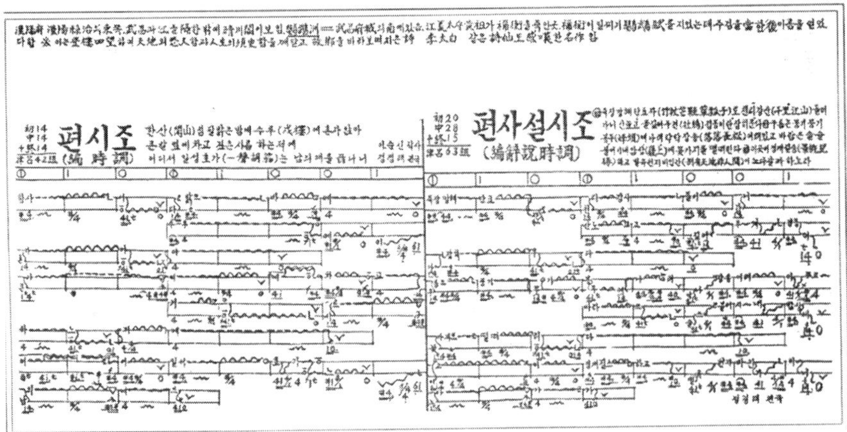

시조창은 무엇이며, 시조창은 왜 해야하는 것이며, 어떤 마음 가
짐으로 시조창을 해야하는 것인지 등의 사전 교육은 시조창 못지 않
게 중요하다. 시조에서 자연스럽게 충효와 같은 조상들의 아름다운
덕목을 본받을 수 있기 때문이다. 그래야 아이들의 행동에 바람직한
변화가 일어날 수 있다.

시조의 정신은 선비 정신이라고 말할 수 있다. 어떻게 행동해야하
는 것이 올바른 행동인가와 같은 인간의 기본적 도리들을 시조에서
자연스럽게 배울 수 있다. 내용에 따라 다른 주제를 인위적으로 선
택하여 의도적인 교육으로 이끌어 나갈 수도 있다. 현대적인 동시를
써서 그것을 곡으로 붙여 불러도 아이들의 정서 교육에 많은 도움이
될 수 있을 것이다.

2. 시조창이란 무엇인가?

　평시조의 원형은 '시조'이다. 시조가 생겨난 이후 나중에 '소이시조'가 생겨났다. 이 소이 시조와 구분하기 위해서 시조를 '평시조'라 불렀다. 소이시조가 지금의 지름시조에 해당된다. 사설시조는 그 이후에 생겨났다. 그래서 시조의 종류를 평시조류, 지름시조류, 사설시조류로 분류하는 것이 통례로 되어 있다.

　시조는 고려 말에 태어났으나 시조창은 1800년 전후해서 생겨났다. 그 때만 해도 '시조'라는 명칭 자체가 없었다. 시조창이 생겨날 즈음 시조라는 명칭이 생겨났고 그 이전에는 시조시를 노랫말로 부르는 가곡이라는 것이 있었다.

　가곡의 원형은 고려 1151년 의종 5년 「정과정곡」인 「삼진작」에서 찾을 수 있다. 시조창의 윗대는 가곡이고 가곡의 그 윗대는 삭대엽, 중대엽, 만대엽이다. 그리고 만대엽의 맨 윗대 조종격은 삼진작이다. 가곡의 계보는 '삼진작(고려조) − 만대엽(조선조) − 중대엽(조선조) − 삭대엽(조선조) − 가곡(현대)'의 순으로 정리할 수 있다. 가곡은 시조창과 함께 시조시를 노랫말로 해서 지금도 불리워지고 있는 서양 고전 크래식과 같은 매우 고급화된 우리의 선비 음악이다.

　시조는 이러한 가곡에서 파생되어 나왔다고 보고 있다. 한일합방 전후 만들어진 것으로 추정되는 『장금신보』에는 시조가 가곡과 같이 5장으로 되어 있다.[1] 지금의 시조보는 초·중·종장의 3장으로 되어 있어 시조가 가곡에서 파생되었다고 보는 이도 있다.

　18세기 영·정조 시대를 전후해 우리나라는 새로운 문화 르네상

---

1) 『삼죽 금보』도 5장으로 표기되어 있다.

스 시대를 맞이하게 되었다. 실학사상 같은 새로운 정신의 패러다임이 형성되던 시대라 정치·사회·문화에서도 이러한 새로운 담론에 맞춰 많은 변화들이 일어났다. 이는 정치·사회·문화 여러 분야에 걸쳐 심대한 영향을 끼쳤을 것은 자명한 일이다.

이런 사회적인 분위기 속에서 가곡보다 좀 더 빠른 곡인 시조라는 새로운 장르가 1800년 전후에 생겨났다. 가곡은 느릴 뿐만 아니라 유장해서 전문 가객이 아니면 부르기 어려운 곡으로 판소리 처럼 많은 공력을 들여야 소리의 제맛을 느낄 수 있다. 그러나 시조는 가곡보다 빠르고 쉬워서 누구나 함께 부를 수 있는 비교적 대중적인 노래이다. 이도 공력을 들여야 명창이 될 수 있지만 가곡에 비해 가락이 단순하고 길이가 짧기 때문에 그렇게 어렵지 않게 누구나다 부를 수 있는 장점이 있다.

가곡은 판소리·범패와 더불어 우리나라 3대 성악 중의 하나로 정가 중에서 제일 으뜸으로 치고 있는 선율이 매우 아름다운 곡이다. 아정하면서도 단아해서 선비들이 즐겨 부르는 클래식 같은 고급 음악이다. 시조도 가곡보다는 음계가 화려하지는 못하지만 자연 친화적이고 시조만의 특징인 유려한 선율을 갖고 있어 가곡 못지 않다. 그래서 우리 조상들은 누구나다 자신의 정신 수양을 위해 시조 창을 즐겨 불러왔던 것이다.

3. 시조창과 창자의 자세

시조창은 평시조류, 지름시조류, 사설시조류 등으로 나누어진다.[2]

평시조는 가락 자체의 높낮이 없이 초·중·종장 전체를 평탄하게 부른다. 평시조, 중허리 시조, 우조시조 같은 것들이 있다. 지름시조류는 초장은 높은 음으로 질러서 부르고 중·종장은 평시조 가락과 같다. 지름시조, 남창지름시조, 여창지름시조, 반지름시조, 온지름시조, 우조지름시조, 사설지름시조 등이 있다. 사설시조류는 장단은 평시조의 틀로 구성되어 있지만 평시조와는 달리 한 박에 많은 자수의 리듬을 촘촘하게 엮어서 부른다. 사설시조, 반사설시조, 각시조 등이 이에 속한다.

평시조는 시조 중에서 가장 원형에 속하는 맨 먼저 배우고 익혀야 할 시조이다.

시조는 주로 3음계로 되어 있다. 황·중·임으로 되어 있으며 이중 황·중이 중심 음계이다. 음은 '뻗는 음', '떠는 음', '흔드는 음' 등이 있고 여기에 몇 개의 장식음들이 붙는다.

창자의 자세는 '반드시 단정히 앉을 것', '얼굴빛을 바르게 할 것', '눈은 반드시 바로 볼 것', '손은 반드시 맞잡을 것', '발은 반드시 접어 꿇을 것', '소리는 반드시 맑고 무겁게 할 것' 등이 있어 시조창 못지 않게 중요하다. 시조의 본질은 수양에 있기 때문에 자세가 중요한 것은 말할 나위도 없다.

이러한 자세들은 창자들이 반드시 지켜야할 덕목들이다.

---

2) 신웅순, 『문학·음악상에 있어서의 시조연구』(푸른사상, 2006), 107쪽.

외에 시조창에 대한 많은 이론과 규칙들이 있으나 본고에서는 논외로 한다. 시조창을 통한 정서 순화의 유용성에 대한 문제 제기에 본고의 목적이 있기 때문이다.

4. 나가며

필자는 유치원 어린이들에게 '시조창이 정서 교육에 유용한가' 라는 문제를 긍정적으로 검토해보았다. '유용하다는 가설' 하에서 유치원 교사들의 시조창 시연의 필요함을 언급해보았다. 이에 관련된 몇 가지 시조의 개념과 창자의 자세들도 언급해보았다. 필자의 의도는 여기까지이다.

시조창이 '어린이들 정서 교육에 유용한가?' 라는 문제 제기는 필자의 몫이지만 '유용하다'라는 가설을 증명하는 것은 유치원 교사들의 몫이다.

제2부
제12장
시조 비평

제12장
시조 비평

　누구한테든 시조가 무엇이냐고 물어보면 '으, 그거 노인들이 청산하고 노래 부르는 거', '고시조?' 심지어는 '한시?'라고까지 말하는 사람들도 있다. 젊은이, 어른할 것 없이 시조는 케케 묵은 것이고 노인들이나 하는 것으로 치부해버린다. 젊은이가 시조한다면 힐끗 처다보던지 피식 웃던지 한다. 시조가 무엇인데하고 묻는가 히면 그러한 관심조치 없는 사람들이 대부분이다. 이것이 시조의 현주소이다.

　1920년대 시조부흥운동 시 몇몇 시조 학자들과 시조 시인이 나타나 시조를 현대화시킨 것은 기적에 가깝다. 80여 년을 지나오는 동안 시조 학자들의 시조에 대한 이론 축적이 어느 정도 있어왔고 시조 시인들의 시조 창작도 어느 정도 있어왔다. 시조 이론은 대부분이 고시조에 대한 이론이었지 현대 시조에 대한 이론은 아니었다. 현대 시조 창작도 그 수준이 현대시에 미치지 못했던 것 또한 사실이다. 현대 시조 창작품은 또 그렇더라도 그에 대한 평론은 턱없이 부족한 것이 현실이다.

시조 문학의 바퀴는 하나가 아니다. 창작과 비평이라는 두 바퀴가 있어야 제대로 굴러간다. 지금의 시조는 짐 가득 싣고 외바퀴 하나로 기우뚱거리며 가고 있는 형국이다. 현대 시조 창작을 뒷받침 해 줄 수 있는 현대 시조 이론과 비평들은 어디를 보아도 구경하기 힘들다.

이젠 일부 양질의 시조 창작품들이 현대시 못지 않게 창작되어가고 있고 젊은이들에게도 시조에 대한 참신한 이론들을 생산해야한다는 소리가 높아져가고 있다. 이제부터라도 시조 이론인 시조 문학의 인프라를 구축해가야한다.

시조부흥운동 이후 시조 창작은 시에 비해 턱없이 부족하지만 이제는 조금씩 결실을 거두어가고 있다. 반면에 비평은 걸음마 수준도 되지 못하고 있는 실정이다.

상에 대해서는 또 어떤가. 시조 창작상은 지천인데 시조 평론상은 눈을 씻고 보아도 없다. 이를 어떻게 설명해야할 것인가. 창작을 비평할 수 있는 담론들이 있어야 창작이 창작으로서 존재할 수 있다. 시와 소설은 많은 이론과 비평들이 축척되어 있지만 시조의 이론서는 가물에 콩나 듯 있고 그나마 제대로 된 이론서 하나 없다. 시조를 제대로 공부하고 싶어도 할 수가 없는 것이 현실정이다.

좋은 시조를 많이 창작한다는 것은 그보다 더 좋은 일은 없다. 그에 못지 않게 그 좋은 작품을 제대로 비평할 수 있는 안목이 있는 비평가의 비평이 필요한 것은 더더욱 중요한 일이다.

시조 학자들은 고시조만 연구할 것이 아니라 현대 시조에도 눈을 돌려야한다. 고시조 따로 현대 시조 따로의 연구가 고시조와 현대 시조와의 단절을 가져오게 만들었다면 지나친 말일까? 지금까지 고

시조는 고전문학 하는 학자들이 연구해왔고 현대시조는 현대 문학 하는 학자들이 연구해왔다면 지나친 말일까? 오히려 현대문학 하는 학자보다는 고전 문학하는 학자들이 현대 시조를 연구하는 것이 당연하지 않을까. 향가나, 가요, 가사처럼 태어났다 사라졌다면 몰라도 여말 이후 엄연히 지금까지 이어져 내려오고 있는 것이 시조이다. 이것이 시조를 통시적으로 연구해야하는 소이이다.

현대 시조를 비평할 수 있는 안목 있는 전문적인 비평가는 현대 문학을 연구하는 학자들의 몫이기도 하지만 오히려 고시조를 연구하는 학자들의 몫이 아닐까 생각해보는 것이다.

이젠 시조에 대한 좋은 이론이나 비평에 눈을 돌려야한다. 시조 문학 단체나 시조 문학 잡지사들은 안목있고 권위 있는 평론상에 인색해서는 안된다. 시조 문학 창작은 그냥 나오는 것이 아니다. 창작을 제대로 비평할 수 있는 안목이 있어야하고 인프라 구축이 있어야 시조 창작은 더없이 빛이 나는 법이다. 이젠 실험할 때가 아니라 실천할 때가 된 것이다.

시조 예술론

찾아보기

ㅊ

ㅌ

ㅍ

ㅎ

숫자

저자약력

신 웅 순

충남 서천 출생(1951) 대전고 졸(1970) 공주교대졸(1973)
숭전대졸(1982) 명지대 석·박사(1995)
시조 시인·평론가·서예가, 문학박사
한국현대 문예비평학회 부회장, 한국시조학회, 한국국어학회이사, 국제 펜협,
한국문인협, 한국시조시인협, 한국미협 회원, 한국창조문학가 협회 이사, 한국
창조문학상대상(평론)
현 중부대 교수, 『시조예술』 주간

저서
학술서
『한국문학기행』(1997, 공저), 『한국문학산책』(1998, 공저), 『문학본류』(1998, 공저), 『한국문학정수』(1999, 편저), 『문학과 사랑』(2000), 『시의 기호학과 그 실제』(2000), 『현대시조시학』(2001), 『언어와 문화』(2003, 공저), 『글쓰기 평가 자료』(2004, 공저), 『음악·문학상으로서의 시조연구』(2006), 『한국시조창작원리론』(2009), 『시조예술론』(2011)

시집·시조집
『황산벌의 닭울음』(1988), 『낯선 아내의 일기』(1995), 『나의 살던 고향은』(1997), 『누군가를 사랑하면 일생 섬이 된다』(2008)

동화집
『할미꽃의 두 번째 전설』(1999)

에세이집
『못부친 엽서 한 장』(2007)

평론집
『순응과 모반의 경계읽기』(2000), 『무한한 사유 그 절제 읽기』(2006)

논문
『육사시의 기호론적 연구』외 시·시조 관련 50여 편

시조 예술론

초판인쇄 2011년 2월 18일
초판발행 2011년 2월 25일

저　　자 신웅순
발 행 처 도서출판 박문사
발 행 인 윤석현
책임편집 김진화
등복번호 제2009-11호

우편주소 서울시 도봉구 창동 624-1 북한산 현대홈시티 102-1206
대표전화 (02) 992 / 3253
팩시밀리 (02) 991 / 1285
홈페이지 http://www.jncbms.co.kr
전자우편 bakmunsa@hanmail.net

ISBN 978-89-94024-55-4　93710　　　　　　　**정가** 12,000원